JN225291

AI時代の育脳

エクサバイト学習法で子どもに輝く未来を！

ママさん
脳神経外科医 × IT企業CEO

戸田中央総合病院
脳神経外科 医師
秋山 真美

グランド・システム・
ホールディングス
株式会社 CEO
大河原 智

メディア・ケアプラス

はじめに

「のび太！　勉強しなさい！」「まる子！　宿題やったの⁉」

漫画の中に出てくるお母さんのように、親は一生懸命に子どもに勉強するように勧めますが、それはなぜでしょうか？

良い学校に入って安定した企業に勤めてほしい、家業を継ぐために立派になってほしい、ほかの子より優位に立ちたい、お母さんによってはお父さんのようになってほしくないなどと思っている方もいるかもしれません。百人いれば百通りの思いがあるかと思いますが、最終的には〝わが子が幸せになってほしい〟という点では、きっと共通しているのでないかと思います。

活躍する人を育てるにはどうしたら良いのか？　どうすれば子どもが幸せに暮らしていってくれるのか？　これは、どの時代でもとても難しい課題だと思います。同時に周囲と共に生活し、切磋琢磨して大きくなり、その後社会生活をしていく中で、共生を考えることも大きな要素です。総じて、最も重要なことは教育であると思います。

一方で、バブル経済がはじけた１９９０年代から、サブプライムローン問題をきっかけとして経済低迷をした少し前の時期までを失われた20年間などといいますが、この時期に終身雇用が崩壊したといわれ、さまざまな働き方が生まれてきました。ふだん生活をしていると気が付きにくいことかもしれませんが、背景には生産現場の海外への移転やＩＴ化などによる産業構造の大きな変化があります。時代のニーズの変化に伴い、必要な人材のニーズも年々大きく変わってきています。

今年生まれた子であれば20年後、今小学生であれば30歳までには、さらに大きな革新が起きると予想されています。その変化とは、人工知能（ＡＩ）と人間との付き合い方です。単純労働は機械に替わられて、人間から多くの仕事が奪われるということが予測されています。たとえば、実証実験が行われている自動運転車の開発によりドライバーは大きく減り、掃除はロボットがすることを想像するとわかりやすいのではないでしょうか。

今活躍をしている世代の人にとっても20年後は決して遠くない未来として訪れます。政治・経済・実業界におけるリーダー的な存在の人が毎年集まる世界経済フォーラムの年次総会（通称：ダボス会議）でも、これらは現実味をもって非常に大きな懸念事項として議論されています。働いて稼いだお金で生計を立て、生活をしていくことは多くの方々の極めて大切なことであり、同時にやりがいにもつながる部分です。仕事が減った先に、だれもがゆとりある生活と社会保障の整ったユートピアが待ち構えていれば問題ないのですが、現実的には貧富の格差拡大や失業率増加などが懸念され、なかなか簡単にはいかない話だと思います。

　このような急速な時代変化に対応するためには、まず人工知能とは何かを知ると同時に、人間の脳との類似点や相違点などの仕組みを知ることが大切だと思っています。その上で、子どもの時代に即した学びをどうつくり上げるのが良いか、そして今後の社会で求められる人材育成をいかに行うか、いかに幸福に導くかを考えなくてはなりません。この道すじを描いたのが本書です。

　今までは情報の多くは東京に集まっていました。しかしながら、インターネットの急速な発達により、場所を問わずにリアルタイムで情報に触れることが可能な環境が整っています。スマートフォンでトレンドの洋服を見ることができ、家電を比較して注文し、旅行の予約をするなど、繁華街と変わらずにこのようなことができるようになりました。教育においてもインターネット動画などの活用により、どこでも遜色なく繰り返し学べる仕組みも出てきました。今後は、５Ｇ規格のスマートフォンの普及により、このような変化がいっそう加速されることが予想されます。

　感受性の育成においては、自然環境が多くある地方が良い面も多々あります。今後は「どの地域に住んでいても、今まで以上に活躍できる人材の育成が可能」と考えています。

　いっぽう、このような情報に接する環境から取り残されると、今まで以上に大きな格差が生まれることが危惧されます。また、経済的な面では特に、一人親世帯、特にシングルマザーにおいての相対的貧困率は高く、子どもに対する教育投資も減少せざるを得ない現状があります。いかに未来を見据えて教育を行うかということは、親だけではなく社会全体の問題となってきています。そのためには、今後の社会情勢を踏まえて、重要な部分にしっかりと的を絞った教育をしていくことが必要です。

本書を手に取っていただくすべての方と、その周りにいるすべての方にそのような潮流をお伝えし、幸せになってほしいと願います。赤ちゃんが生まれた方、今子育て中の方、そして教育に携わる多くの方々にこの本が届き、これからの教育を考える一助になることを切に願っています。

大河原　智

目次

プロローグ対談

脳神経外科医とIT企業CEOが語る20年後の未来に向けた学びとは

令和という新たな時代を迎えて

大河原《おおかわら》　私たちは、令和という新たな時代を生きています。御代替わりで大きく日本の空気は変わったように感じます。

平成は大きな地震や災害などが多々ありました。今でもまだその傷跡は残っており、辛い思いをされている方がたくさんいらっしゃいます。このことを忘れずに、新時代をみんなで手を取り合って、一丸となって築けていけたらいいなと思います。秋山先生は新時代を迎えてどのような気持ちでいらっしゃいますか。

秋山《あきやま》　私は昭和に生まれ、平成を生きて、そして令和を生きる子どもに恵まれました。3つの時代に命をつないでいることで考えるのかもしれませんが、前向きな気持ちであるとともに、母親としての不安も少しだけあります。

社会がめざましい変化をしている中で、20年後、30年後と今の子どもたちがこの先どうやって生きていけばいいのか。昭和の時代は、親がレールを敷いてあげれば、それなりになんとかなる時代でした。でも、これからそれは通用しないとも感じています。

大河原　私たちの子ども時代は、親の職業を受け継ぐことが多かったですね。今は、会社の業績が伸びなかったり、生産現場が海外に移転したり、雇用形態が変化したりとさまざまな理由で、子どもが今までと同じ職種につくことは難しい時代だと思います。その上、ＩＴやＡＩが急速に社会を大きく変えてきています。消えゆく産業もあれば、芽生える産業もあるのですね。

秋山　ＡＩが進化することで職業自体に大きな変化が訪れてきていることを実感しています。私の親は医師ではなく、自分の意思でこの職を選びましたが、人の生命に関わる大切な仕事ですので誇りをもって仕事をしています。いつか子どもが継いでくれたらいいなという気持ちはあります。でも、今後の医療制度や技術がどうなっていくかはわかりませんので、職業を限定することなく、子どもが何をしたいのか、またどういう力をもって発展していってくれるかというところを大切にしたいです。教育の力はとても大きいと思っています。

大河原　まさに、生きる力が大切になってきますね。教育という言葉が出ましたが、秋山先生はお子さんにどんな教育をしたいと考えていますか？

秋山　教育の主義や手段はたくさんあると思うのですが、本質的なことは何かを見据えたうえで分析して導かないといけないと考えています。子どもは自我が芽生えても、計画的に考えて進めていくことはまだできないですよね。親がうまく誘導してあげることが大切です。

なぜその教育をするのか、なぜ必要なのかを親が理解しておくことは重要です。私の考えでは、教育はどんな時代においても根本は変わらず、主体的にものごとを生み出す力、状況を把握して問題提起をして、解決をしていく力を育てることではないでしょうか。自分の中にちゃんと筋道があるような子どもを育てることが教育だと思っていますので、細かいこだわりはありません。そのあたりの根っこさえしっかりしていれば問題ない。これからのＡＩの時代になると、私たち親世代も、先を見通すことが難しくなってくるかと思いますので、道しるべは大切ですね。

ＡＩと脳の共通点はたくさんある

大河原　ここで改めて、脳神経外科の専門医である秋山先生と本を書くことになった理由をお話ししますと、私がＩＴの立場から、人間の脳の仕組みを考えてＡＩを考えていきたいと思ったからです。コンピューターのＣＰＵは「０」と「１」の世界で計算し、ハードディスクに記憶するところは脳ととても似ています。人間の脳を知ることは、ＡＩの仕組みを考える上でとても重要なことで、似ている部分と似ていない部分を考える必要があると思うのです。

秋山　大河原さんから本の執筆のお話をいただき、ＡＩや今後の教育について私自身も関心のあることでしたので、ご一緒させていただきたいと思いました。脳とＡＩの共通点は、私も以前から感じていました。コンピューターは人間が作り出したものですが、調べているうちに脳を参考にしていたことが分かってきたのです。

人間の脳は3分の1しか使っていないといいますが、残りの3分の2をどうすれば使えるのかはわかっていないのです。私は、その可能性を無限大だと思っていまして、改めてＡＩと脳の違いについて考えてみました。その〝違う部分〟が明らかになれば、今後の私たちの脳を研究していくヒントになるかもしれません。

大河原　私も執筆にあたって人間の脳の構造を改めて勉強しましたが、ＡＩを知るにはまず脳の仕組みから学んでいきたいと思い、1章を秋山先生にお願いしました。

秋山　お子さんがいらっしゃる方や、子どもに携わるお仕事をされている方に向けて、できるだけわかりやすく書いたつもりですが、まずは気になるトピックから読んでいただければと思います。最近は、脳科学がとても人気ですが、そのほとんどは科学的に証明されているわけではなく、一般的に関心をもたれそうな面白いものだけがピックアップされて、間違った知識が広まってしまっているように感じています。医学の立場から、身近な脳のお話で、みなさんにもう少し知っておいていただきたいことや、患者さんからよくある相談なども事例として書かせていただきました。

大河原　2章と3章は、1章の脳の仕組みや育てるためのヒントを活かしたうえで、

AIとどのように関わっていけば良いかという視点で書かせていただきました。まず2章では、日本をとりまく教育制度が客観的にどのようになっているか、3章ではこれからどのように子ども達が活躍できるのかを考えました。未来はみんなでつくっていくものだと思います。世界レベルでも活躍できる人材育成について考えることは、私たち大人の役割だと思っています。

何にでも関心をもつ少女時代、アクティブな少年時代

大河原　秋山先生は、どんな少女だったのですか？

秋山　小さいころから正義感がとても強くて、何事にも興味津々な子どもでした。友だちがケンカをしていたら、その仲裁に呼ばれてもいないのに登場して、仲直りをさせたりしていました。それから、ものごとのいろいろな仕組みが気になって、「猫や犬のお腹の中はどうなっているの？」「テレビの中はどうなっているの？」と、しつこく親に聞いたりして困らせていました（笑）。

大河原さんは、小さい頃から難しい本とか読んでそうですね（笑）。どのような子ども

時代だったのですか?

大河原 とてもアグレッシブな子どもでした。幼稚園は年中さんから入りましたが、秋山先生と同じく正義感がとても強い子で、ジャイアンみたいな子が乱暴していると許せなくて体が大きくても突っかかっていました。一方で、足が不自由なお友達がいたのですが、だれに言われたわけでもないけれど下校時にまず先に靴箱から必ず靴を取り出して、すぐに履けるように足元に置いていました。

私自身は園庭を走り回って、ジャングルジムが大好きで、いつも先生を困らせていました。2階からの非常用滑り台が大のお気に入りで、駆け上っていっては、直滑降で滑って下りていました。

秋山 アクティブですね! いつまで続いたのですか?

大河原 小学生は、多少おとなしくなりましたが、同じ感じが続きました。毎日朝7時20分に登校し、ドッジボールかキックベースをやっていました。とにかく体を動かすことが大好きで、雨の日の体育館の陣地取りに一生懸命になっていました。ただ、家ではブロック遊びなどをして、いかにして親におとなしく見せるかということに一生懸命になっていました。

秋山 ブロック玩具は私も雨の日にする大好きな遊びでした。あれは創造性や集中力を養うのに素晴らしいおもちゃだと思います。手先も使いますしね。

大河原　勉強について思い返せば、幼稚園や小学校でも〝やらされている〟という感覚はありませんでした。特に幼稚園では、年長さんからしっかり算数を教えてくれたのですが、算数ができるとかっこいいという風潮がありまして、みんなで楽しみながらやっていました。小学校でも段階に合わせて先生が細かく見てくれましたので、全体として落ちこぼれも、分かり過ぎてつまらないというような吹きこぼれもなく、みんな活き活きとしていました。秋山先生はいかがでしたか。

秋山　素晴らしい学校ですね。私の通っていた学校は、教科書やカリキュラムを使わずに、先生と生徒のみんなで問題提起をしては答えを探るという授業が中心でしたので、あんまり勉強をしている感覚はありませんでした。特に小学校では、学校は遊ぶところという感覚でしたので、勉強をしたという記憶はありません。知らず知らずのうちに、学ばせてくれた学校の教育に今でも感謝をしています。

大河原　学校は遊ぶところという環境をつくってくれた先生方は本当にすごいですね。私も、毎日体を動かすことが大好きでしたし、勉強もガリガリやるというよりは、楽しみながらアグレッシブに生きるという感じの毎日で、夜はもう本当にぐったりです。夜の20時には消灯して、就寝していました。小学校3年生まではそんな生活です。

秋山　20時就寝とはすばらしいですね。成長ホルモンが出る時間帯の22時から午前2時くらいは特に重要な時間です。その時間帯は赤ちゃんの眠りも深いといいますし、脳もさまざまな記憶の整理や神経ネットワークが形成されやすい時間帯です。朝は自然と起きるようにコルチゾールなどの活動性を増すホルモンが出ます、早寝早起きは体の生理的にも理に適っているのです。

大河原　そうとは知らずに、ぐっすり寝ていました。秋山先生はどのような遊びが好きでしたか。

秋山　小学校入学前は、兵庫県で自然のたくさんある中で育ったので、おもちゃや、お人形さんなどの女の子らしい物で遊んだことはなかったですね。いつも外で木登りしたり、川遊びをしたり、虫捕りしたり、毎日陽が暮れるまで外で遊んでいました。木を見てまず考えることは、「どうやってできるだけ上まで登るか」でした（笑）。木登りはコツがあるんですよ。本当に野生児でした。

大河原　すごいですね。木登り名人だったのですね、とても楽しそうな子ども時代だったのが想像つきます（笑）。そうした幼少期の環境や遊びと、脳の成長には関連はあるのでしょうか？

秋山　大いにあると思います。幼少期は、脳の成長が非常に活発です。この時期にはさまざまな体験や反復を繰り返すことによって、どんどん新しい神経回路が形成されていきます。そうすることで思考力や創造力、運動能力などの基本的な能力を獲得できるのです。脳の基礎ができるイメージですね。

大河原　そうなのですね。よく見かける子育ての書籍にも「5歳までに〇〇すると良い！」と書いてありますが、理由があるのですね。

秋山　最近の脳科学的観点からは、そのような説が多いみたいです。大人になっても、たくさん練習をして繰り返し訓練することで、新しいことができるようになります。幼少期には、必要な回路が格段に早くできるということです。

食べ物は育脳のキーポイント

大河原　勉強になります。それ以外に脳を育てる方法はありますか？

秋山　そうですね。私が意外と重要視していることは食べ物です。

大河原　食べ物ですか。人間の体は、食べ物で作られているからでしょうか。

秋山　はい。そういう意味でもあります。ちなみに大河原さんは子どものころに好きだった食べ物はなんですか？

大河原　私が好きだったのは、少量がパック詰めされたイワシアーモンドです。もう少し小さい頃は、たまごボーロです。

秋山　イワシアーモンド、渋いですね！　たまごボーロは、私も好きで、子どもと一緒に食べています。

大河原　イワシとアーモンドのあの組み合わせは絶妙だと思います。おつまみにもなりますし、大人になった今でも大好きです。

秋山　それがわかる子ども時代の大河原さん、やはりただ者ではないですね！　実は、あれは美味しいというだけではなく、栄養学的にもとても良いおやつなのです。塩分が無添加ならさらに良いですね。

大河原　そうだったんですか！　母が出してくれていました。最近、モデルさんが〝アーモンドをおやつにしています〟とかＳＮＳで発信しているのを見かけました。美容にも良いのでしょうね。

秋山　そうなのです、美容もチェックしてらっしゃるのですね。アーモンドは脂質が含まれていますが、オレイン酸などの不飽和脂肪酸なので、コレステロールを下げる働きも期待できる良質の脂肪酸といえます。食物繊維やビタミンＥや鉄分、ミネラルもかなり豊富に含まれています。そして、イワシは青魚なので、ＤＨＡが豊富です。鉄分も含まれています。そして小魚なのでカルシウムもとりやすいです。合わせると大変栄養価に優れているわけです。

大河原　まるでマルチサプリメントのようですね。

秋山　そうですね。最強のおやつのひとつかもしれないですね。ただし、味の付いていないものの方が良いです。素焼きのもので塩分など添加されていないアーモンドに、そのままのイワシがオススメです。最近はそういうのも売られています。素材だけの味で十分美味しくいただけますよ。ただ、大人の方が摂取される場合の話ですが、アーモンドはカロリーも高いので食べ過ぎないようにしてください。普段のおやつとしてお菓子やケーキなどの代わりに食べるのはむしろとても良いですが、必要以上に食べ過ぎると逆に太るので気を付けてください。大人なら、口さみしい時のおやつとして考えましょう。何事もバランスが大切です。

大河原　何事もバランスが大切ですね。では、子どもの場合に言えることはどんなことでしょうか？

秋山　子どもにとっても、バランス良くさまざまな栄養素が含まれているものを食べさせることはとても良いことです。特にＤＨＡや鉄分、たんぱく質は脳を形成するのに欠かせないものです。そういう意味でもイワシアーモンドは最適ですね。ただ、やはり塩分に関しては、大人以上に腎臓などに負荷がかかりやすいので、子ども用のおやつとして作られたものを選ぶようにしたら良いと思います。

大河原　おやつからこんなにご意見をいただくとは思ってもみませんでした（笑）。食べ物はとても大切なのですね。

秋山　はい。子どもの体はどんどん大きくなっていきます。物を作るのに材料が必要なように、体の細胞を増やしていくのも材料が欠かせません。これを作りたいなと体が思っている時に材料がなかったら、作る量を減らすか妥協して作るしかないのです。

大河原　だからより良い材料として食べ物が大切なわけですね。脳に対しても同じようなことが言えるのでしょうか。

秋山　私はそう思います。ただ何事も過剰はよくありませんから、バランスが大切です。そういう内容にも本書では触れています。

育脳をエクサバイト学習法で

大河原　専門的でとても参考になります。脳は未知の領域も多く、いろいろと興味深い点がありそうですね。

秋山　脳の領域はまだまだ解明していないことが多く存在します。影響を及ぼす要因が多すぎますし、倫理的な問題から実験計画を立てづらいため、証明するのも解明するのも難しいという側面がたくさんあります。いろいろな研究の積み重ねと総合的に考えることで現在の脳科学的見解があるのだと思います。

大河原　子育てをしている親世代の方々は、特に脳について知りたいこともたくさんあるかと思います。

秋山　この本には、日常の中で疑問に思うことや、困ったことなども書かせていただきました。何かのお役に立てれば幸いです。私は、ＡＩと人間の脳には非常に似た部分があると思います。その点は大河原さんとしてはどう思われますか？

大河原　まったくその通りだと思います。ＡＩは、脳を人工で作れないかというところから始まっています。半導体が集合体としてＬＳＩとなり、組み合わさってコンピューターとして製品化され、ソフトとして学習するのがＡＩです。これからどんどんテクノロジーが進歩していくことで、私たちの生活はますます変わっていきます。

秋山　確かにここ20年で私たちの生活はＩＴで劇的に変化しました。身近なツールを見てもＦＡＸやポケベルから、ＰＨＳや携帯電話、パソコンやスマートフォンへの進化です。その変化を短時間で目の当たりにしてきた世代ですから、予想できる未来のように思います。

大河原　そうですね。そしてついには、機械が人間の知性を超える時、すなわちシンギュラリティの時代がくると言われるようになってきました。

秋山　なんだか少し前まではぼんやりとしていたシンギュラリティのイメージですが、

最近ではどんどん現実味を増してきました。ちょっと怖い感じもあります。

大河原　これからの子どもたちは、この時代の中を生きていくのは間違いないですからね。

秋山　なんだか途方に暮れてしまいそうです。でも社会がこれからどのように変化していくのか、そして私たちは子どもたちに何ができるのか。親世代としても、そのことを考えたいです。

大河原　そうですね。「相手を知るにはまず味方から」と言うように、ＡＩの時代を知るには、まず私たちのこと、とりわけ脳について専門の医師からのご意見を交えて考えていくことに意義があると思うのです。それが本書の大きな目的のひとつです。

秋山　子どものいる親としても、すぐそこにある未来に対して、知らなかったでは済まされないことです。子どもたちのために、これからの時代を生き抜いていけるための、指南書として活用できる本だと思います。本書で提案した「エクサバイト学習法」はカッコイイ呼び名で、私はとても気に入っています。これ、脳の情報処理能力をコンピューターに例えたときの容量「Exabyte（エクサバイト）」から取ったのですよね。脳の専門家としては、とても輝いて見える単語です。

大河原　そうなんです。これからは脳の時代です。

秋山　私も自分の子どもには、このようなメソッドに触れさせてあげたいと思います。

本書で私は、脳を育てていくために、医学的な根拠に基づいて書かせていただきました。少し難しい話も含まれているかもしれませんが、イラストを使ってできるだけ分かりやすく仕上げております。まずは1章からご覧いただければと思います。

第 1 章

脳の仕組みを知り、
賢く脳を育てよう

1　人間の脳の仕組みってどうなっているの？

1章は、脳についてのお話です。脳の仕組みを知ることで今後の育児や学び、その先のAI時代の一助になればと思います。

さて皆さんは、人間の脳の仕組みに対してどのようなイメージをもっていますか。「よくわからない難しいもの？」「未知の構造物？」「複雑なコンピューター？」。ちょっとわかりづらい分野ですよね。

成人の脳は重さ約1・5kgほどあります。意識や呼吸などの生きるための根本となる、全身のあらゆる部分の司令塔であり、外からの情報を受け取る働きをする、動物的で本能的な機能をもっています。さらに人間は、とても高度な知性を持ち合わせています。脳は、個人の性格や人間性を決め、言葉や創造といった知性を担い、記憶などの貯蔵庫でもあり、それらの高度な機能の中心部といえるのは皆さんよくご存じのことでしょう。

まず、脳は膨大な数の『ニューロン（神経細胞）』と、さらにその10倍はある『グリア細胞』によって成り立っています。ニューロンは、脳の情報ネットワークを作る細胞で、まさに情報伝達の担い手といえます。一方、グリア細胞はニューロンの間に存在し、ニューロンに栄養を与えたり、働きを助けたりとさまざまな機能をもち、最近ではニューロンの再生や維持にも役立っていることがわかってきました。

ニューロンの大きさは0・005〜0・1㎜といわれています。大脳では1㎜四方のサイコロサイズに10万個ものニューロンが詰まっています。脳全体の神経回路を一直線につなげたら、その長さはなんと100万㎞にもなるとも言われています。地球一周が4万㎞、月まで往復しても約80万㎞ですから、その長さに驚きます。

人間のあらゆる能力は、ニューロンのネットワークが作られることによって成り立ちます。ニューロンの間に電気信号が流れることで、ネットワークに情報が巡り、伝わっていくのです。

ニューロンとシナプス

ニューロンがたくさんつながって神経回路ができます。
そのつなぎ目をシナプスといいます。

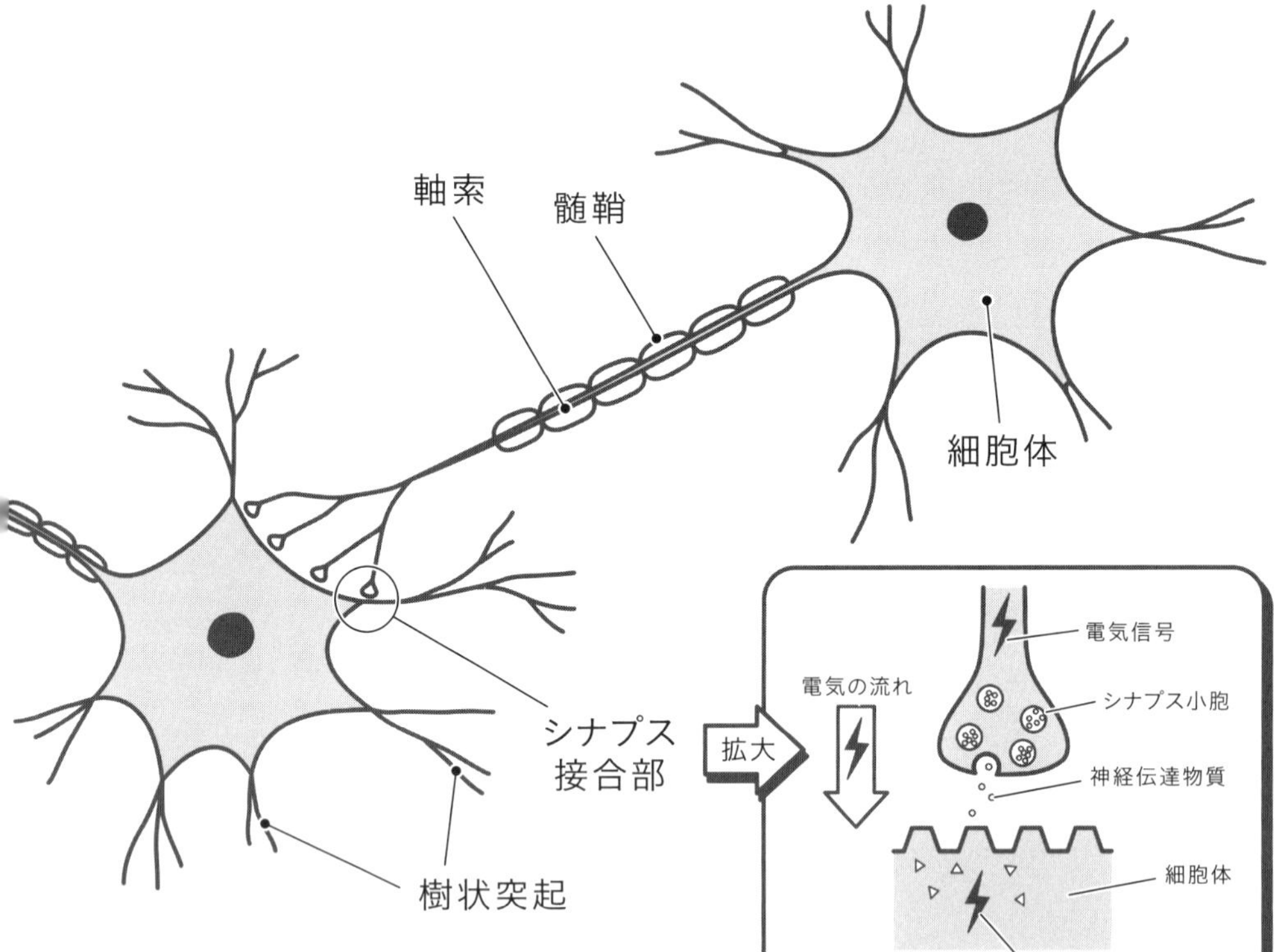

冒頭で述べたように、脳はさまざまな機能をもっているわけですが、その脳がどのように分類され、構成されているのか簡単に説明します。少し専門用語が入るので、ややこしく感じた方は読み飛ばしていただいても構いません。

脳は、大脳・間脳・脳幹（中脳・橋《きょう》・延髄《えんずい》）・小脳に分類されます（32ページ図参照）。

人間の大脳はほかの動物と比べると、特別に大きく発達しています。大脳は、運動や感覚、視覚、聴覚だけでなく、前述した高度な脳の機能の中心で、言語、感情、性格、記憶、空間の認識や理論的な思考などを行っています。

間脳は、大脳と脳幹の間をつなぎ、運動などのコントロールや、意識、呼吸、血液循環、自律神経の中枢、ホルモンの制御などを担っています。

中脳、橋、延髄を合わせて脳幹といいます。これは太古の昔から動物に備わっていた脳といわれています。脳幹からは、脳神経といって、顔面や首をコントロールする神経が生えています。例えば、顔や目の動きや感覚、味覚、唾液や鼻汁の分泌などです。脳幹は、大脳と小脳ともつながっているため、それらの中継をする働きもあります。

小脳は、主にバランス感覚を担います。そして、大脳と脳幹の中継をし、細やかな作業などを可能にしているのです。

横から見た脳の断面図

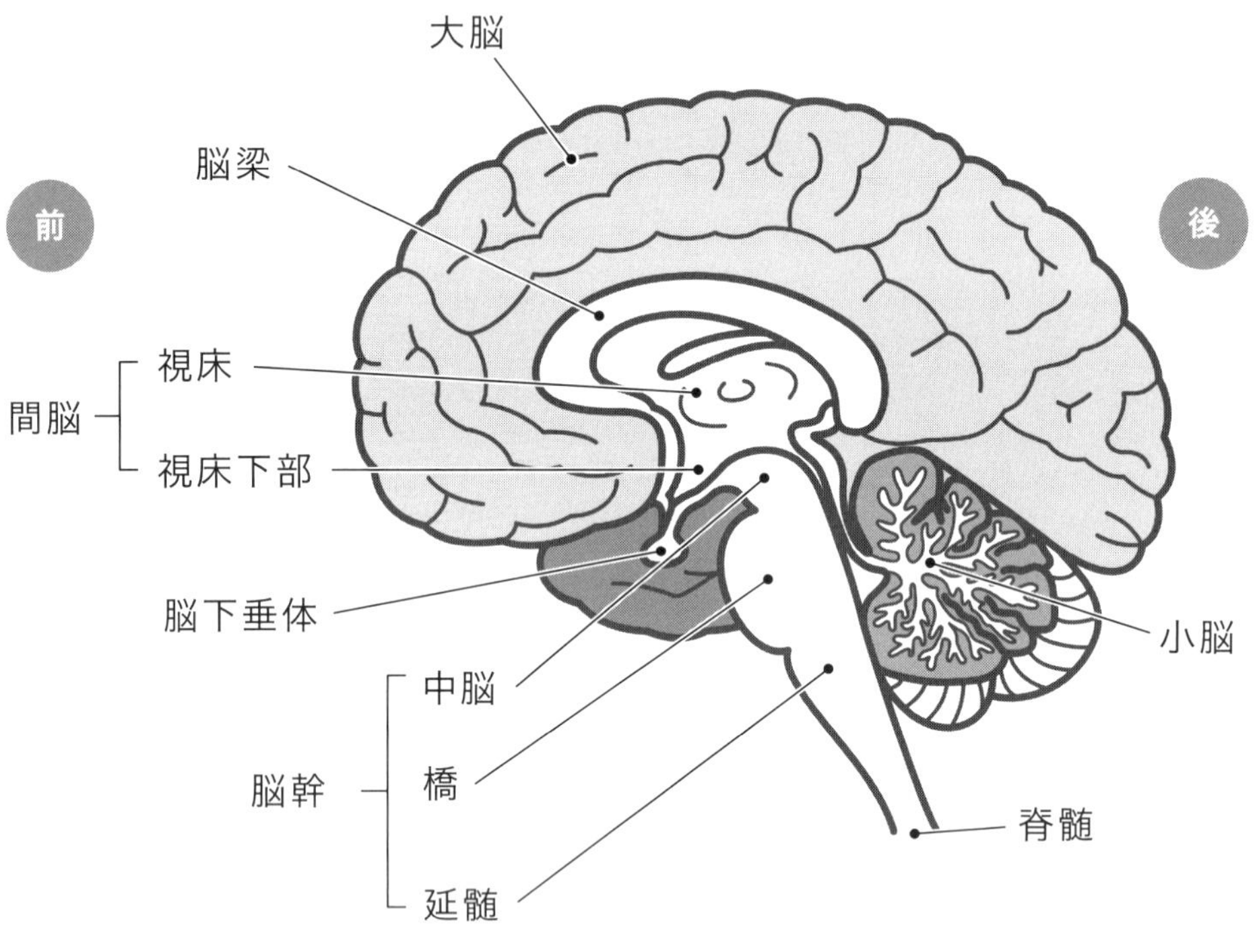

2 脳の形成と成長について

前項では、脳はいくつかのパーツに分かれ、さまざまな活動をしていることを説明しました。それでは、人間の脳はいったいどのようにしてつくられていくのでしょうか。お母さんのお腹の中で受精卵が着床し、胎児となって、生まれ成長していく過程で、脳がどのようにつくられ、成長していくのかを説明したいと思います。

まず、人間は一般的な動物と比べ、生まれてきた段階ではまだまだ未熟です。人間の脳はかなり高度な機能をもち合わせているため、その成熟に時間がかかるということもありますが、運動機能でも野生動物は生まれてすぐ歩いたり、母親にしがみついたりできるものも多い中、人間は歩行するのに1年くらいもかかるのです。生まれたばかりの赤ちゃんに備わっているのは生命維持のために必要な脳機能がメインであるといえるでしょう。

人間も動物も脳は、1本のチューブのような管状の「神経管」から始まります。人間ではその長さは約2㎜です。受精卵が細胞分裂を繰り返し、神経の元となる部分を形成し、それがさらに成長すると台地のように平らな板状の盛り上がりになります。やがて、巻きずしのようにくるっと丸まり、筒状になります。ただ巻かれたままでは、またほどけてしまってチューブ状にはならないので、ジッパーを閉じるようにその断端がくっついて、全体的にチューブのようになります。それで「神経管」が出来上がります（36ページ図参照）。

この段階でうまくチューブができないとき、二分脊椎《にぶんせきつい》などの先天性の疾患が生じます。実はこの神経管が完成するのは、妊娠7週までというとても早い時期に起きます。妊娠に気付かない人もいるかもしれない間に、胎児はこの大切な時期を迎えているのです。

さて、ニューロンやグリア細胞はどうなっているのでしょうか。ニューロンは、胎生期、すなわちお腹の中にいる間に出来上がり、グリア細胞は胎生後期から出生後に出来上がるといわれています。

皆さんは、脳細胞は生まれた時からもう増えずに減る一方だと聞いたことはありませんか？　最近では、大人になっても脳細胞は増えたり、変化したりする能力は維持されているとわかってきました。大人でも新しいことを覚えたり、できたりしますよね。それは新しい神経ネットワークが形成されるからです。しかし、脳細胞の活動が活発な子どもに比べると、大人は加齢により衰えていくことは否めません。脳細胞の増殖や分化が活発な子どものほうが、どんどん物事を覚えてできることが多いのもうなずけます。

さて、話をもとに戻しましょう。赤ちゃんの神経ネットワークはどのように作られていくかというと、なんと面白いことに、ニューロンが特定の位置に移動し、配置されることでつくられていきます。脳内を細胞が移動していくなんて少し奇妙な感じがしますね。

そして、外界からの刺激があればあるほどニューロンは増えていくのです。特に、赤ちゃん誕生から生後15ヵ月まではニューロンがどんどんと絡み合って複雑なネットワークを作っていきます。

具体的に脳の成長をPETという医療機器を使って調べたデータがあります。

成長が活発なところには栄養が必要です。脳にとって一番のエネルギー源はグルコースという糖分です。そのグルコースの取り込みの度合いで子どものどの時期に、どの領域が活発に成長しているのかを調べたものです。

- **生後数ヵ月：**頭頂葉、側頭葉、後頭葉、大脳基底核（大脳の中心部分）、小脳が活発に
- **生後6-8ヵ月以降：**前頭葉、後頭葉の外側が活発に
- **1歳：**安静時成人と同じような活動
- **1歳以降：**脳の成長は継続的に上昇
- **4-5歳：**いくつかの領域で成長のピークを迎える。成人レベルの150％の成長度合い

神経管ができるまで

0週

約0.1mm

受精卵

細胞分裂・分化

3〜4週 約2〜4mm

20日

板のような
平たい神経。

21日

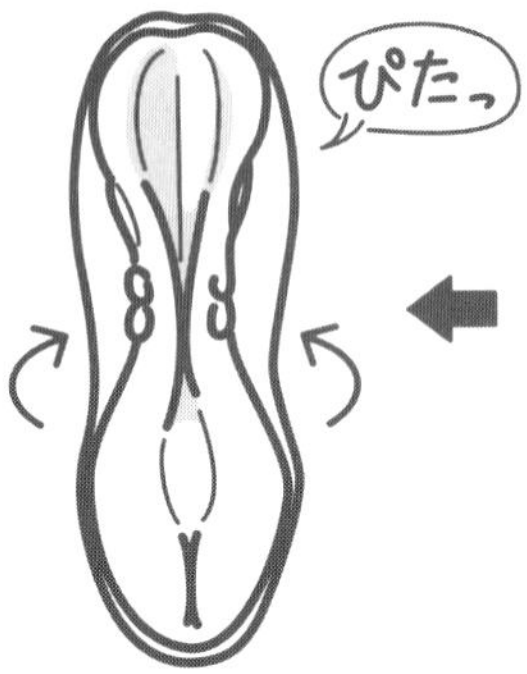

巻き寿司のように、
丸まって、チューブ状に
なりはじめる。

23日

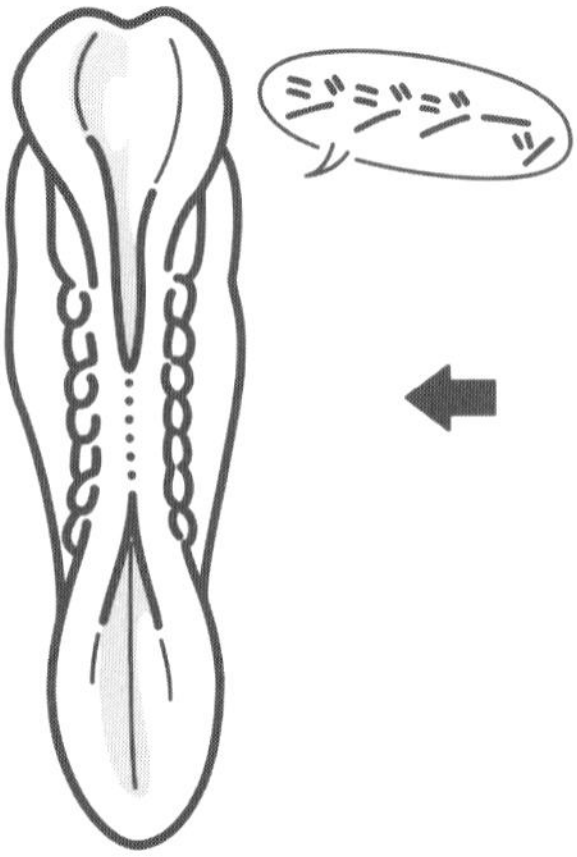

ジッパーを閉じるように
丸まったチューブの端末が
閉じてゆく。(神経管閉鎖)

32〜35週

約45cm

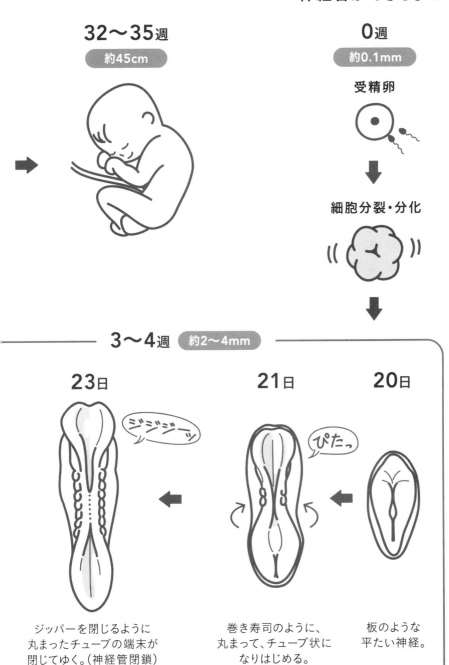

4〜7週

約3mm〜1.5cm

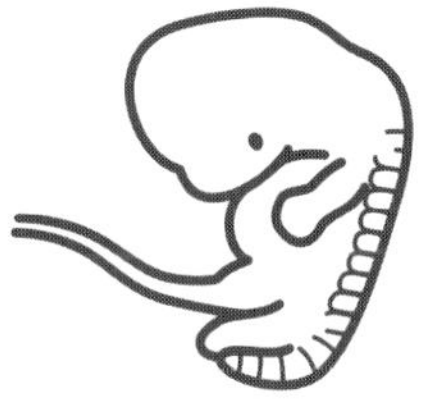

8〜15週

約2〜16cm

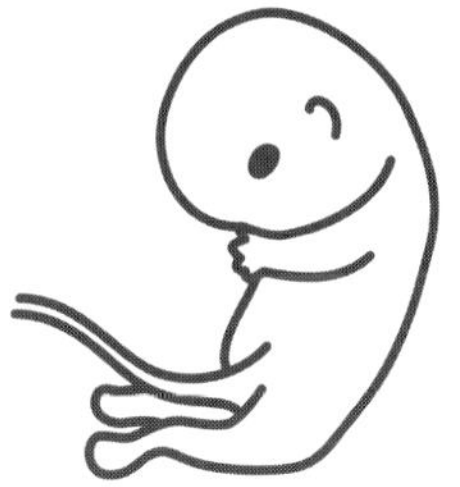

第二次神経管形成

残っていた頭とお尻の部分も、
完全に神経管が閉じる。

25〜27日

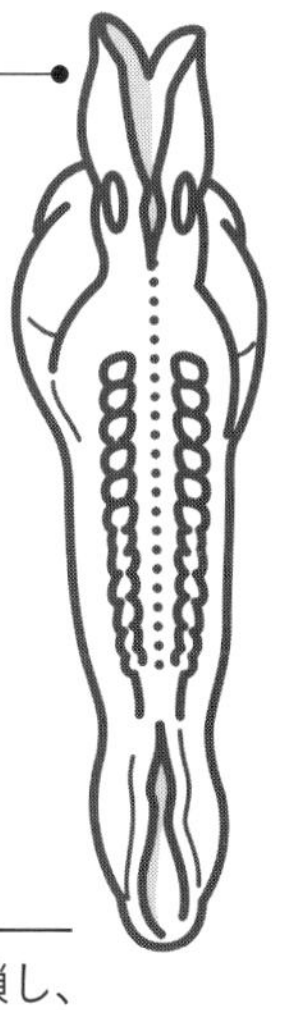

赤ちゃんの
全体像

第一次神経管形成

頭とお尻を除く神経管が閉鎖し、
チューブ状の神経が完成。

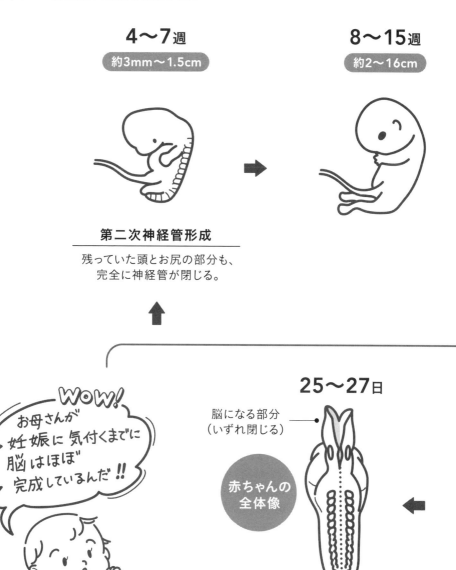

● **10歳**：成人と同程度の代謝レベルに落ち着く

このように、段階的に脳が成長していくことがわかります。そしてピークは4-5歳という点に驚きます。

〈髄鞘化《ずいしょうか》〉

シナプスがネットワークを形成していく過程としてとても大切なのが「髄鞘化《ずいしょうか》」という過程です。シナプスの電気コードにあたる軸索《じくさく》という部分があります。そこに絶縁体としての役割を果たす髄鞘がグルグルと巻き付くことで、その部分を飛び越えて電気信号を伝えることができる（跳躍伝導《ちょうやくでんどう》といいます）ため、神経を通って伝わる信号の速度を格段に上昇することができるのです。

また、脳を肉眼で見てみると脳の表面は少し灰色がかったピンクに近い肌色をしています。その少し深い部分は、白っぽい肌色をしています。その外観から、脳の表面を灰《かい》白質《はくしつ》その少し深いところを白質《はくしつ》といいます。

灰白質には神経細胞が集中しており、白質には神経細胞から伸びる軸索が線維状に存在しています。

実はＭＲＩ画像で、白質での髄鞘化を見ることができます。そして白質の画像の変化と、神経回路の発達は相関するといわれています。白質が全体的に成人と同じように

髄鞘化と跳躍伝導

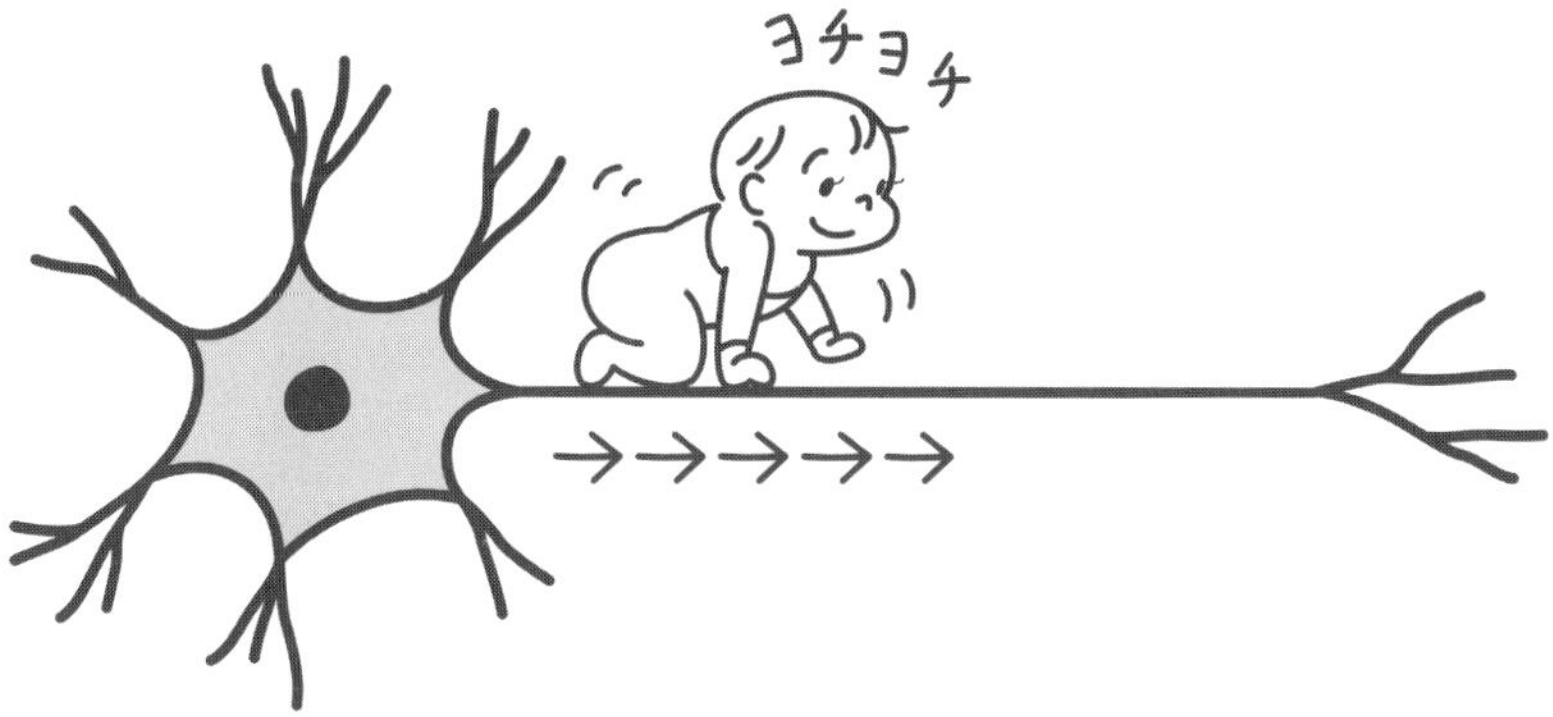

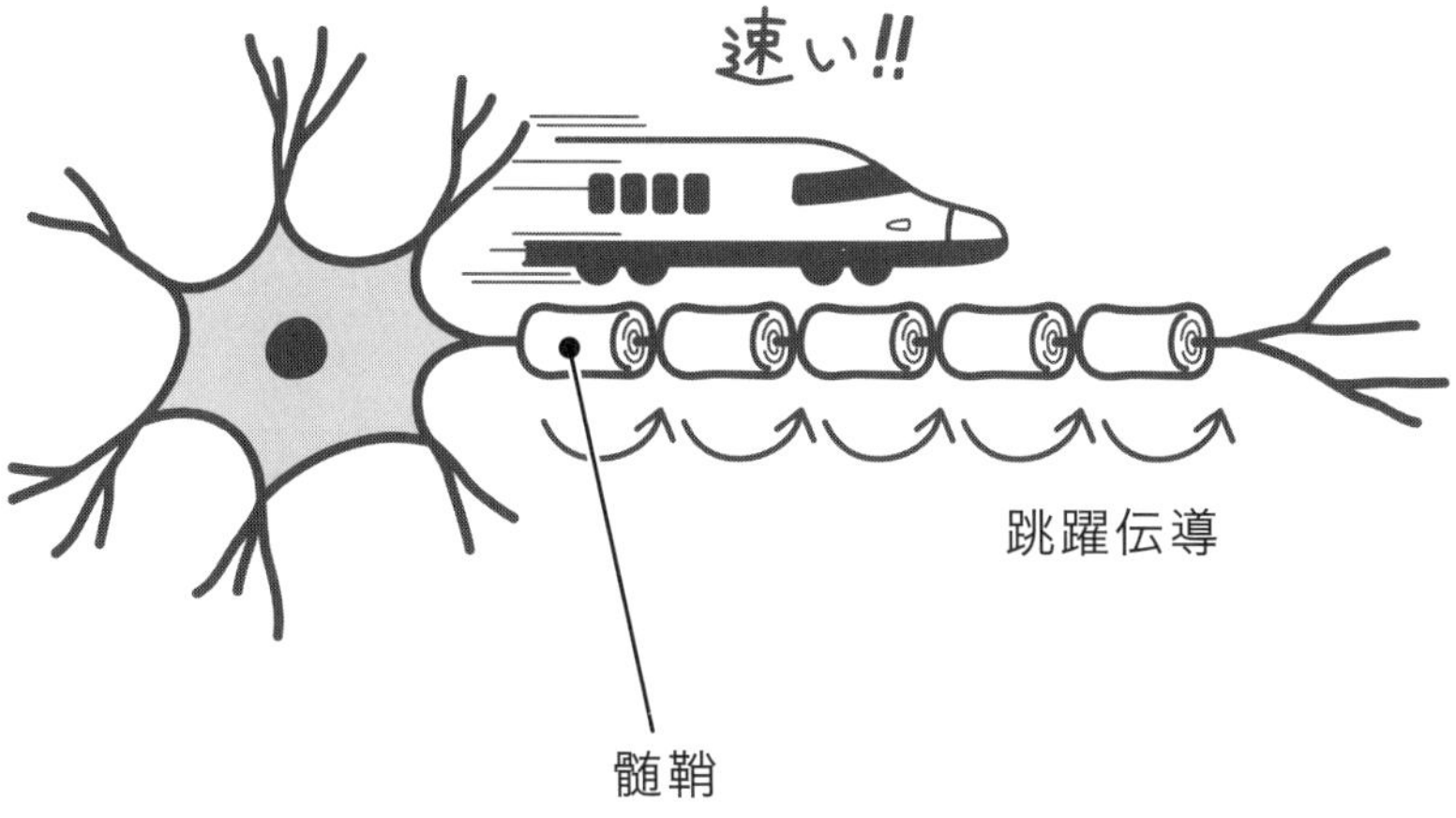

なるのは2歳で、すべての主要な神経回路は3歳まで、というのがこれまでにわかってきたことです。そして、白質の増加、つまり、神経構造の最も急速な変化は、最初の2歳くらいまで起こります。

以上のような科学的根拠から言えることは、脳は生後数ヵ月から2歳くらいまでに、基本構造をつくる上で急激な変化を迎え、5歳くらいまでに脳の活発な成長が認められそうだということです。ですから、この時期にいかに良い環境で育て、たくさんの良い刺激を与え、シナプスによる神経ネットワークを増やすかが、脳を育て、子どもの可能性を増やすために大切になるのです。

ビタミンA過剰と葉酸欠乏

生まれつきの脳や神経系の病気の中で有名なものの一つに「二《に》分《ぶん》脊《せき》椎《つい》」というものがあります。胎児の神経系がつくられる際、神経はチューブ状になるのですが、その過程がうまくいかず、背中やお尻から脊髄神経がはみ出た状態で生まれてきてしまうことがあります。生後すぐに手術をする必要があり、脊髄神経の損傷の度合いにより将来にわたって歩行に影響がでたり、膀胱《ぼうこう》や直腸の働きに影響をもたらすこともあります。同様の病気は脊髄だけでなく脳でも起こります。その場合は脳《のう》瘤《りゅう》といいます。脳が突出してコブができ、これも同様に手術が必要なほか、後遺症の恐れがあります。総称して「神経管閉鎖障害《しんけいかんへいさしょうがい》」というのですが、その原因としてとても有名なものが、ビタミンの一種である葉酸の欠乏症とビタミンAの過剰摂取です。

まず、足りなくなりがちな葉酸は、ビタミンB群の一種で水溶性のビタミンです。緑黄色野菜やフルーツなどに多く含まれています。水溶性のビタミンとは、ビタミンCなどと同様に水に溶ける性質があり、洗ったり・加熱調理することで失われやすいという特徴があります。さらに、食事成分由来の葉酸は体内での吸収がしにくく、食べた分の50％程度しか活用されないという特徴もあります。よって、野菜の一日推奨量350gを食べたとしても、なかなか十分な葉酸を摂取することは難しいのです。そこで勧められているのが、サプリメントの併用です。サプリメントに含まれる人工の葉酸は体内での吸収も85％と格段に優れているため、妊活中、妊娠直後の女性には大いに推奨されています。一日0・4㎎（400μg）を目標にとりましょう。

本文にも記載したとおり、神経は妊娠時かなり早い段階で作られるため、妊活は、妊娠の１ヵ月前からサプリメントを摂取して準備しておきましょう。妊娠が発覚したあとも妊娠３ヵ月くらいまでは続けてくださいね。

実は海外では国策として、シリアルなどの中に葉酸を添加するように義務付けされており、自然に摂取できるようになっていますが、日本では行われていません。ゆえに日本は先進国の中でも二分脊椎症の発生率が高い国の一つです。近頃そのことが明らかになってからは、厚生労働省も声明を出し、女性の葉酸摂取にサプリメントの併用を推奨しています。最近ＣＭでもよく見かけるようになったのもうなずけます。

さて、今度は過剰摂取に注意が必要なビタミンＡについてもお話しましょう。ビタミンＡは脂溶性ビタミンの一種で、こちらは水で溶け出したりはしません。レバーや、ウナギ、銀だら、全卵、乳製品などに多く含まれるレチノールと、ニンジンやカボチャ、ほうれん草など緑黄色野菜に含まれるβカロテンがあります。βカロテンはプロビタミンＡと呼ばれ、体内でビタミンＡに変換されます。βカロテンは、必要な分しか体内でビタミンＡに変換されないため、βカロテンでの過剰症は報告されていません。ここで過剰摂取に特に注意すべきは、レチノールです。

レチノールは、肉などにも含まれ比較的簡単に食事から摂取できるため、欠乏症になることはまずありません。ですので、妊活中の方や妊婦さんは、レチノールのとり過ぎに注意するためレバーやウナギなどは少量にし、たまに食べる程度にしましょう。

3 人間の脳とAIの共通点は？ 違いは？

この本の大きなテーマの一つが脳とAIのコラボレーションです。実は私自身かねてから感じていたのが、ITの大元である半導体の仕組みと脳の仕組みは、非常に似ているのではないかということです。多くの科学者たちは、脳をコンピューターで作れないものかとさまざまな研究を行っています。アンドロイドを作りたい、そうまさに映画『スターウォーズ』の世界です。それが今、AIとして私たちの前に現実として現れているのです。

ここでは脳と半導体やコンピューターについて検証し、今後のＡＩ時代や、ＡＩが人間の英知を超えるシンギュラリティに関わることを述べたいと思います。

前に書きましたように、脳の最小単位はニューロンですが、ニューロン間の簡単な神経回路を例にとって考えてみましょう。脳の情報伝達は、シナプス間に電気が走ることで伝わっていきます。細かいことは省略しますが、スイッチが入ると、軸索に電気信号が伝わり、ニューロン間で神経伝達物質がやり取りされ、また次のニューロンへの電気信号が伝わるのです。電気信号でＯＮ・ＯＦＦが行われる点は、半導体でも同様で共通といえるのではないかと思います。

その他の共通点としては、脳は加齢とともに神経回路の形成は遅くなり、記憶能力などが失われやすくなります。この点は半導体も同様で、何年も使えば劣化するという点は同じかもしれません。

これまで多くの科学者たちが、人間の脳をコンピューターで再現できないかを試みてきました。現在では、人間の能力をはるかに超えたシステムをもち合わせているコンピューターが多く開発されています。いわゆるＡＩもその一つになります。

人間の脳の情報量は全体で10^{18}ビットに相当するそうです。身近なハードディスクで１テラバイトのものがありますが、実にその１００万倍に相当する容量だそうです。

神経回路のスイッチのONとOFF

半導体

シナプス

興奮性ニューロン

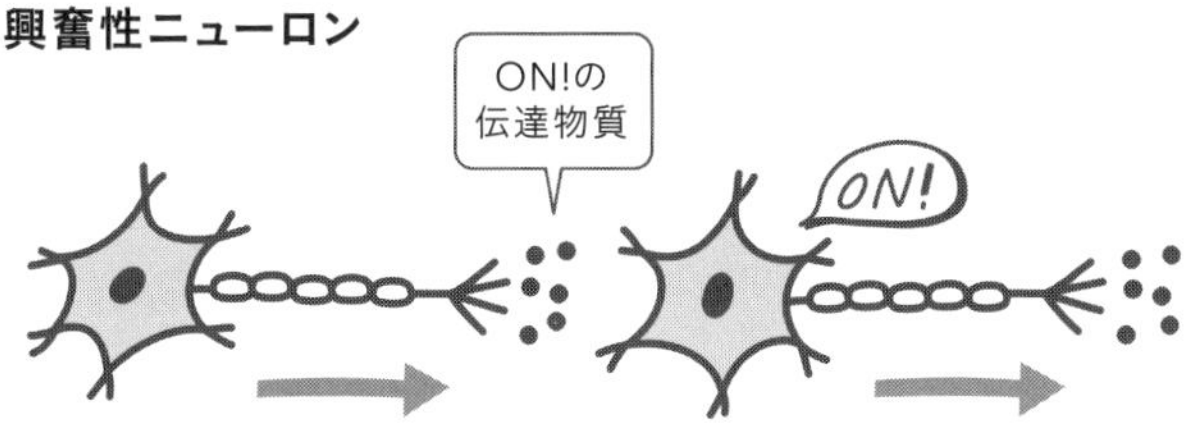

抑制性ニューロン

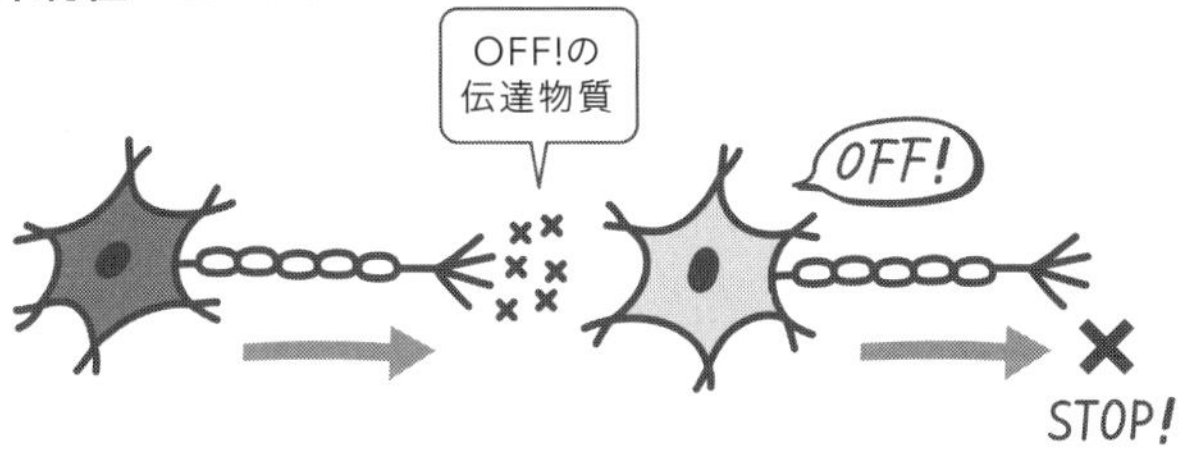

興奮性ニューロン
基本的にONの命令を送り続けるニューロン。

抑制性ニューロン
OFFしなさい！という命令を送るニューロン。受けとった興奮性ニューロンは、自分のスイッチをOFFして、次のニューロンへの命令を出さなくなる。

そして人間の脳の情報処理速度は毎秒10^{19}回で、それは単位でいうと10Exabyte（エクサバイト）になり、すなわち１テラバイトの１０００万倍になります。なんだか気の遠くなるような単位ですが、決して夢の中の話ではなく、すぐそこにあるＡＩの近未来の話です。いや、ある部分に関してはもうすでに実在するかもしれません。

さて、では脳と半導体やコンピューターとの違いについて考えてみましょう。

半導体と脳の違いは、その処理速度にあるといわれています。脳の処理速度を１００～１０００サイクルとすると、コンピューターでは数十億サイクル行われていて、脳の処理速度は実は極端に遅いのです。しかし、脳のすごいところは、同時に一斉にさまざまな情報を処理できる点です。神経回路が１００兆の桁で存在するわけですが、それが一斉に情報を処理できるのです。とはいえ現在では、この脳のすごい情報処理能力ですら、スーパーコンピューターはとうに超えています。

しかし、人間は機械ではなく生物であるということを忘れてはいけません。人間には感情があるということ、意思があるということは今のＡＩとの大きな違いでしょう。その点こそが、決定的な違いを生み出しているのです。

この違いに関しては、ＡＩや機械をどのような目的で作り出すのか、というところを考える必要があります。その目的が、何がしかの作業や仕事の代わりをさせるためであれば、意思や感情をＡＩにプログラミングする必要はありません。

また、漫画やSFの世界のアンドロイドを本当に作るのであれば、意思や感情のソフトウェア化も必要です。

アンドロイドの登場は、夢のあることです。しかし、シンギュラリティの時代はもっと現実的なものになるかもしれません。

脳は、新しい回路を自分で生み出していくことができます。新しいことを覚えるために反復して暗記したり、練習したりすると、脳の中に神経回路がつくられて、人間はその新しい能力を身に付けることができます。このとき脳はだれからの命令でもなく、自身で回路を生み出していくのです。つまり、脳は自分から、自発的に動いているのです。

一方、コンピューターでは、人間がプログラムしない限りは新しい回路はできないのが原則です。そして実は、この点が人間の意思と深く関わっています。人間は意思をもって自分で、新しい神経回路をつくり出しているからです。このことは後述するシンギュラリティの時代を生きる上でも大切なポイントになります。

SF映画などではコンピューターが意思をもつことで、新しいプログラムをつくりだし人間を支配しようとする、などという話がありますが、現在はそこまでには至っていません。しかし、専門家によると理論的には十分可能で、いつか実現する可能性はあるようです。具体的には自己修復プログラムなどはそれに近いものです。人間の意思とは違うように思いますが、AI自体が意思をもつ世界を考えると少し恐ろしい感じがしますね。

そして、脳には「独創的であるところ」、そしてまた「不完全であり矛盾しているというところ」、さらには「忘れることができるところ」があります。まさしく人間が人間であるゆえんがこの機能にあります。そこもコンピューターとは大きく異なるところではないでしょうか。これらの脳がもつ機能は、決まったルールがあるわけではないので、コンピューターでの再現は難しいのではないかと思います。

「忘れること」が脳機能に備わっているのは不合理だと思うかもしれません。人は使わない情報は忘れてしまいます。その神経回路自体を消してしまうのです。これは記憶の中には良いことばかりではなく辛い悲しい記憶も多く含まれていることから、忘れることによって精神的な安定を図るための安全弁の役割を果たしているのではないかと思われます。しかし、パソコンなど機械のメモリーは壊れない限り、記録した内容は失われないのが原則です。

人間は美術や芸術のように、創造を得意とします。何もないところから、まねではない何かを作り出す、そしてさらに美的なものもつくり出せる。人間の脳のなせるわざです。美的というものをパターン認識できればそれはコンピューターでもできるのかもしれませんが、例えば、ベートーベンやモーツアルトの時代からビートルズ、そして現代の音楽と発展してきたように、芸術自体が無限の可能性を秘めたものなので、機械がこうした新たな創造をしていくことはかなり難しいのではないかと思っています。

一方で脳は不完全であり、矛盾しているというところがあります。これこそ人間自身でも己の脳を理解できない理由だと思います。ましてや、人間自身が使いこなせていない脳の側面をコンピューターに組み込むことはかなりの至難の業といえるのではないでしょうか。そして、この不完全さや矛盾のある回路こそが、人間の多様性を生み出し、人間が繁栄してこられた理由であり、人間を人間たらしめている根源といえるのだと思います。

このように述べてきた人間の脳独自の特徴を、科学的に示していると考えられている説があります。前述したように、脳には自発性があり、指令や入力がなくても自分から自主的に活動しています。それはコンピューターと大きく違っている点の一つといえます。そしてさらに、その自発活動が、実は脳の大半を占めていることがわかってきました。しかもそれは、どうやら大切な役割を担っているようなのです。視覚を例にとってみましょう。実際にモノを見ると、眼球内のスクリーンの働きをする網膜から、視神経などの決まった経路を伝わり、大脳の後頭葉にある視覚を認識する部分（視覚皮質）にシグナルが到達することで、我々は見えたモノを認識しています。実はその視覚皮質への網膜からの入力は、3％しかないといわれています。では残りの97％は何か？といいうと、ほとんどが自発活動からくるシグナルなのではないかといわれているのです。

自発活動は、適当に好き勝手に行われている活動ではなく、きちんとした秩序をもって行われています。外界からの刺激や、何かをしようとすると、それに対して一連の流れ(パターン)をもって自発活動を行うのです。(例えば、前頭葉→側頭葉→後頭葉などのように決まった流れでシグナルが流れます。)またその流れのパターンは、個々でも違います。つまり、自発活動を解析すれば、脳の状態や行動パターン、思考パターン、さらには脳の病気などが特定できる可能性があるのです。これはかなり画期的なことです。

本来この自発活動は、我々自身、普段から意識することはできません。無意識に行っていることなのです。この無意識のはずのものが、ある日突然意識できるようになると、幻聴や幻覚などとなり、統合失調症などのある種の精神疾患と関連しているのではないかともいわれています。そういったことからも、この自発活動こそが、人間の創造性や芸術性、性格や感情などといったコンピューターにはない、人間独自の性質を作っている可能性が指摘されています。そして、いわゆる使われていない脳の3分の2とはこの自発活動にかかわることなのかもしれません。コンピューターとは違った人間の脳の無限の可能性が含まれているのかのようにも思いますね。

単純な作業や数式、パターン化できるものについては、すでにコンピューターのほうが優れていて、人間よりもはるかに効率的で、ミスなく、短時間で行う時代となっていることは間違いありません。しかしながら、例えばある仕事をロボットが行う際に、人間そっくりなロボットまで作らなくても、結果としてその作業さえすることができれば目的は達成されます。それだけで考えると、アンドロイドのような人型ＡＩを作る必要は現実的ではないのかもしれません。

このまま研究・開発が進めば、やがてＡＩが人間を超えてしまうシンギュラリティの時代が来ます。その時になったら人間らしさをどのように生かしていくのか。その時に対峙するのはＡＩなのか、人間なのか。本当に考えさせられる時代がすぐ目の前にやって来るでしょう。

4 AI時代の育脳を食べ物の観点から見てみよう

脳の発達にいい食べものを食べさせてあげたい。わが子を思う親であればだれしもそう感じることでしょう。ここでは、主に食事面で脳の発達に良いといわれるものをいくつかご紹介します。とはいえ、絶対に勘違いしてはいけないことがあります。年齢に関係なく健康に良い食事というのは、バランスの良い食事です。いわゆる炭水化物、たんぱく質、ビタミン、ミネラルといった栄養素を、「バランス良く」食べるのが大原則です。それに勝る健康に良い食事はありません。

『○○を防ぐ（予防）ためには△がよい』という情報がテレビで放送されると、翌日スーパーからその食材が売り切れる、といったことをよく聞きますが、本当はそんなにうまい話はないのです。日ごろから普通の食事をある程度とっている人が、その情報に乗って頑張って摂取したところで、長期的かつ劇的な変化はありません。もし大きな変化が現れたとすると、その人はよほどその栄養素が不足していて、バランスの悪い食事を長期間とっていた、あるいは病的な欠乏症レベルだった、ということになると思われます。

少し話はそれますが、テレビでいう「効果があった」と、「科学的根拠がある」ということとは異なることもお知りおきください。きちんと実験の条件を整えて、可能な限りの不要な要素を取り除いて計画され、結果を統計学的に証明されて初めて科学的根拠の有無があると言えるのです。実は世に発表される多くの研究論文の中でも、その科学的根拠に乏しいものが非常に多く存在しています。例えば統計の母数が十分な人数でなかった場合や、対象の食品を摂取する人と摂取しない人との条件が整っていなかった場合など、科学的に証明されたことにならないのに「効果」だけを強調されたものもあります。完璧なものなんてほとんどないのです。

情報があふれかえる社会では、情報に振り回されないことがとても大切になってきます。冷静な目で見極められるようになりたいものです。

あらゆる栄養素をバランス良くとることを大前提としたうえで、脳の発達に良いといわれる栄養素の研究を調べてみました。多くの論文などに書かれていたのは、DHAと鉄分でした。

〈DHA:ドコサヘキサエン酸〉

DHAは最近とても流行っていますね。青魚の脂などに多く入っている脂質です。

DHAは神経細胞やシナプスを形成しており、脳の成長に欠かせない栄養素です。

育脳に大切な栄養素

DHA／EPA（エイコサペンタエン酸）は中性脂肪を低下させる医薬品としても販売されていて、昨今では認知症予防にも良いといわれています。

DHAは、哺乳類の脳の中に最も多く含まれているn－3系脂肪酸（オメガ脂肪酸）の一つです。n－3系脂肪酸とは、DHAとALA（αリノレン酸）、EPA（エイコサペント酸）のことをいいます。DHAはALAやEPAから体内でつくられます。しかしそこから生成される量は1％とごくわずかです。DHAは、たんぱく質などとは大きく異なり、食事からとっても比較的血液や脳への吸収が良いといわれていますので、食事やサプリメントから摂取するのは有効でしょう。

赤ちゃんにとっても、同様のことがいえるようです。

赤ちゃんが6ヵ月から12ヵ月ごろになると、母乳内の栄養素が徐々に低下していくため、母乳内に含まれていたDHAも減少していきます。一般的にはその頃から離乳食を開始していくわけですが、それは赤ちゃんが食事を食べられるようになるための練習であるのと同時に、成長に伴って必要な栄養素を母乳以外からも補っていく意味もあります。

少し古い論文ですが、以下のような、DHAの摂取と赤ちゃんの脳の発育の関連を示した研究結果(＊1)があります。

健康な生後6ヵ月の赤ちゃん51人を、離乳食にDHAを足した群(25人)と一切足さなかった群(26人)の2グループに分けて、その脳の発達を検証した研究です。参加者家族は自分たちがどちらのグループに振り分けられたかはわからない状態で、生後12ヵ月まで離乳食を続けてもらいました。脳の発達の評価は、VEP(Visual-Evoked Potential)という装置を用いました。VEPは、瞼《まぶた》に光を当てて、その光の刺激を大脳の視覚を認知する領域がどれだけ反応しているかを波形で検出する装置です。反応がはっきりしているほど、脳の発達が進んでいると捉えられます。これらの条件で、どのように2グループに差が生まれたかを検証したところ、DHAを加えた離乳食を与えた赤ちゃんのほうがかなり早い段階で視力が成熟していました。しかも1歳の時点で血液中のDHAの量がその子の視力の良さと正比例していたことから、1歳までの大脳の発達にＤＨＡを摂取することの大切さがよくわかります。
この研究では生後６ヵ月〜１歳で検証していますが、脳細胞はまだまだ成長していきますので、子どもにＤＨＡを摂取させるのは脳の発達を促すうえで有効といえます。神経回路自体は大人になってもつくられますから、一生涯通じておすすめしたい栄養素かもしれませんね。

（＊1） Dennis R. Hoffman, et.al.(2004) Maturation of Visual Acuity Is Accelerated in Breast-Fed Term Infants Fed Baby Food Containing DHA-Enriched Egg Yolk. Journal of nutrition. 134(9):2307-13.

〈鉄分〉

鉄分は、血液中の赤血球の中に含まれており、酸素を運ぶ役割を担っています。食べ物の中では、レバー、牛肉、カツオなどの赤身の魚、はまぐりやシジミ、あさり、パセリや抹茶、海苔、豆類などに含まれています。
細かい話をすると、食事からとる鉄分は２種類に分かれます。動物性食品に多い「ヘム鉄」と植物性食品に多い「非ヘム鉄」です。この２種類の違いは、体内での吸収率といわれています。「ヘム鉄」の吸収率は10〜20％で、「非ヘム鉄」は２〜５％です。毎日さまざまな食事をしても、すべてが体に吸収されるわけでなく、総合すると食べた鉄分のおおよそ15％程度が吸収されると報告されています。少しでも鉄の吸収を促したい際は、胃酸の分泌を促進すると吸収率が上がりますので、よく噛んだり、柑橘類やお酢などのすっぱいものも一緒に食べたりすると良いでしょう。たんぱく質やビタミンC、葉酸、ビタミンB12も一緒に摂るとさらに良いでしょう。

鉄分が脳の発達に重要であるということは、かなり昔からわかっていました。食料が不足している発展途上国などで重度の鉄欠乏の状態にある子どもたちは、行動の異常や発達遅延が見られていたからです（＊2）。

① 神経伝達物質の代謝

鉄分は、脳のシナプスの間で情報伝達の役割を果たす物質「神経伝達物質」の代謝に重要な役割を果たしています。特にドーパミン系の神経回路に関連しているといわれています。例えば、パーキンソン病にかかわる回路や、本能的な情動や不安などの回路です。

② 髄鞘化《ずいしょうか》の減少

子どもの脳の発達に関連するのは髄鞘化との関係だと思います。生まれたての赤ちゃんの脳細胞やシナプスはまだ未熟です。神経回路の中で、伝導コードの部分にあたる軸《じく》索《さく》は生まれたての赤ちゃんではまだ何にも覆われておらず裸の状態です。脳が成熟するにしたがって、どんどん髄鞘《ずいしょう》と呼ばれる「鞘《さや》」が軸索をグルグルと取り巻いていきます。

これを「髄鞘化《ずいしょうか》」といいます。髄鞘化することで神経内の電気信号の伝わる速度が上がり、最大で数百倍まで上昇し、神経の役割を果たしていけるのです。

生まれたての赤ちゃんは、呼吸や意識といった生命維持をつかさどる脳幹という部分のみが髄鞘化しています。その後、小脳や中脳が髄鞘化し、生後3-4ヵ月で視力に関する神経回路が後頭葉からでき始め、徐々に大脳に広がっていきます。

人間らしい能力をつかさどるのは大脳です。感情も言葉もそうですが、それ以上の高度な能力も同様です。その大脳の髄鞘化のピークは1歳半〜2歳と言われています。その時期にものすごい勢いで脳内では神経回路が形成されます。髄鞘化は脳全体では10歳前後で終わるのですが、鉄分はこの髄鞘化に必要な栄養素なのです。

③脳の代謝の変化

脳内では、体と同様にさまざまな代謝が起きています。代謝とは、いろいろな物質が働き合って、必要な物質を作り出したり、また、不要な物質を分解したりすることです。細胞の成長や増殖にも代謝は欠かせません。鉄分は、脳内の代謝にも関わっているため、不足してしまうと脳内のシステムがうまく回らなくなってしまうのです。

(＊2) John Beard.(2003) Iron Deficiency Alters Brain Development and Functioning. J. Nutr. 133: 1468S–1472S.

赤ちゃんの離乳食に私がしていたこと

私は、小さいころに母と一緒に料理をしながらいろいろと教えてもらいました。今も感謝でいっぱいです。おかげで、料理をすることがとても好きになりました。職業柄や見た目から、よく真逆のイメージをもたれるのですが、料理はいろいろとある家事の中で一番好きかもしれません。参考になるのかはわかりませんが、私が医師としての知識をもとにして実際に赤ちゃんの食事に対して心掛けていたこと、行っていることをコラムとして書かせていただきたいと思います。

赤ちゃんの離乳食の栄養バランスは、1日単位ではなく3日程度のサイクルで考えていました。赤ちゃんは食べる量も限られていますし、いろいろな材料を少しずつ足すのはとても大変です。3日程度の間にバランス良くさまざまな栄養素が含まれるようにバリエーションを考えれば、偏ったメニューではない、いろいろな料理を食べさせることができ、子どもも食事が楽しくなるようでした。もちろん日々忙しいので、できるだけまとめて作り置きし、冷凍法を最大限活用するのが基本です。

具体的な品目でいえば、お粥やパンなどの炭水化物以外には、シラス、ささみ、卵、ニンジン、玉ねぎやホウレンソウ、小松菜などの青菜類は常にストックしていました。離乳食期には、野菜類を茹でる際にいつも玉ねぎを一緒に茹でることで、うま味と甘みがアップし、少しとろみも付くために野菜類が格段に食べやすくなります。野菜類はまとめて茹でて、その茹で汁はさっとザルでこしてキューブ状にして冷凍し、次の料理のダシ汁として使用することで調味料を使わなくても味わいが出るようにしました。忙しいときには、市販のベビーフードも利用しましたが、そこによくツナ缶（オイル・食塩無添加）をおまけして使い、マグロに豊富に含まれるたんぱく質やDHAなどの体や脳の成長に重要な栄養素を簡単にとれるように配慮しました。また、おやつはカロリー摂取と栄養補助の重要なチャンスですので、フルーツにプレーンヨーグルト、きな粉などを加えたものを作ることで、ビタミン類やたんぱく質もしっかりとれるようにしました。赤ちゃんの活動が活発になってくる7、8ヵ月ごろからは、鉄分が不足しがちになります。そこでおすすめなのがレバーです。レバーはなかなか調理が大変なので、私は市販のベビーフードを活用しました。

離乳食でのお話をさせていただきましたが、この理屈はもう少し大きなお子様をおもちの方もご活用いただけるかと思います。

また、わが子は、離乳食はよく食べるのですがミルクがあまり好きな子ではありませんでした。夏になると頻繁な水分補給が必要になりますので、水分を促すためにストローの練習をさせていたのですが、やはりどうしても飲み始めはむせてしまい上手には飲めませんでした。出掛け先で、スプーンでお水を飲ませるわけにもいかないため、時には便が固くなったりして、水分が足りてないなぁ、どうしよう……と悩んだときもありました。そんなときに思いついたのがトロミ剤です。脳卒中後の障害でうまく水分が飲み込めなくなったときに、患者さんが練習で使うものです。実は、飲み込む行為において、水は一番ムセやすいのです。トロミ剤は片栗粉成分で良いので、麦茶や水に市販の片栗粉ベースのトロミ剤で少しとろみをつけてストローで飲ませてみたところ、ムセなく飲ませることができるようになりました。味は変わりませんし飲みやすいためか、ごくごくと水分をとってくれるようになりました。ちょっとしたひと手間ですが、食べやすく飲みやすくするために離乳食期のトロミ剤はおすすめです。

5 男脳と女脳は存在するの⁉

日々暮らしていると、男性と女性の考え方の違いによく遭遇します。「まるで別の生き物だわ」と思わず考えてしまう場面に、私自身も幾度となく遭遇してきました。男脳と女脳に違いがあるかどうかは、さまざまな研究がなされ、諸説あるのが現状です。

結論から言うと、科学的な面からは、現在のところＮＯが主流のようです。正確に言うと、形態的には（重さや密度など）男女の差がある可能性はあるけれど、それが機能的に（これが得意、あれが苦手など）差があるかどうかはまだわからない、という段階です。

男性と女性の脳の違いが言われるようになった有名な研究論文があります。１９８２年に雑誌「Science」に発表された論文です（＊3）

女性のほうが、脳梁と呼ばれる右脳と左脳をつなげている部分が男性より太いという

右脳と左脳

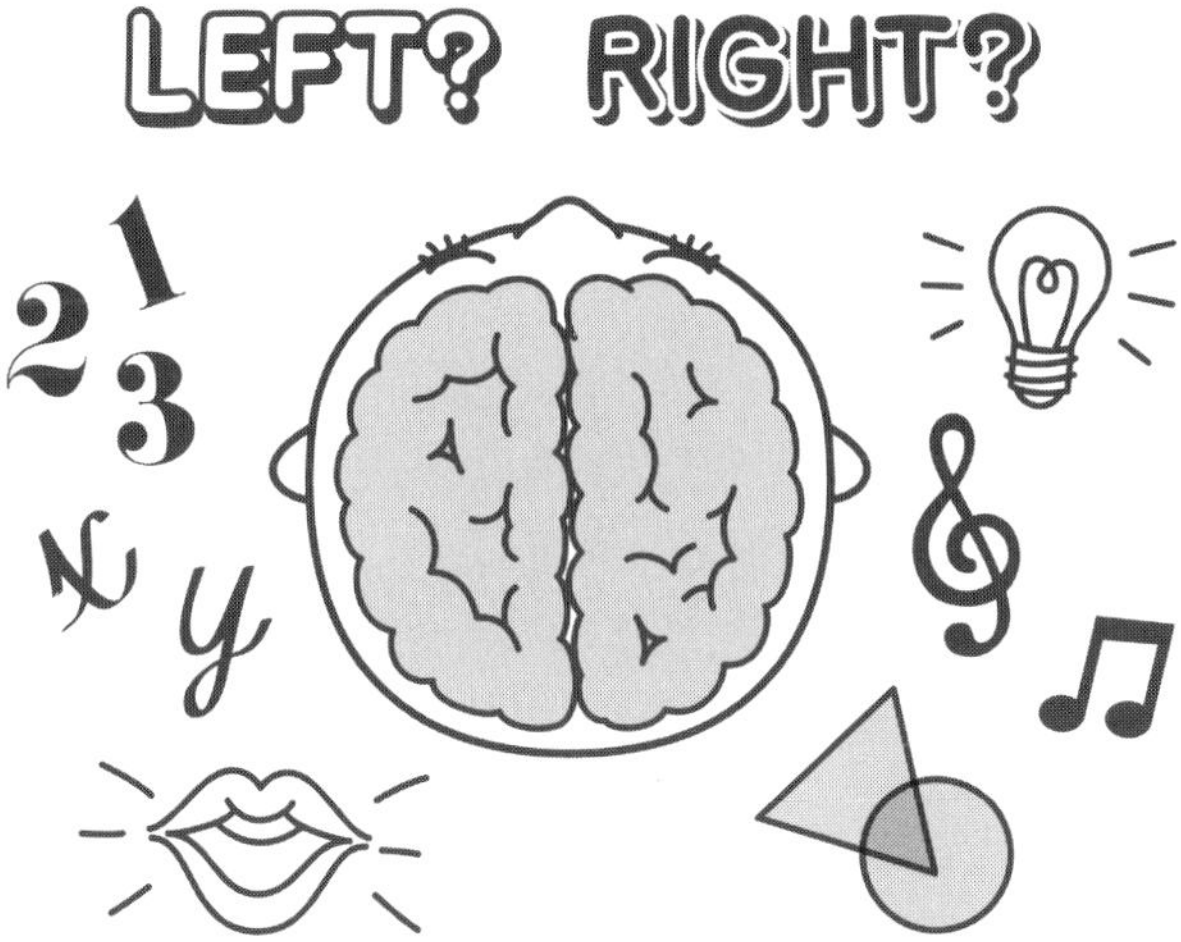

のです。だから女性のほうが、左右の脳のつながりが強く、視空間を認識する能力に差があるという結論でした。

脳梁とは、脳の中心にあって左右の大脳をつなげる働きをしています。ですから、脳梁がダメになると左右の脳の統合ができなくなります。多くの人は左脳が優位半球といって、言葉や感覚、認知機能などの働きをもっています。しかし、脳梁がダメになると、視覚や聴覚や言語による命令を左脳で認識しても、その命令が一度右脳を介さないとできないプロセスの場合、脳梁で遮られてしまい、うまく情報伝達ができず、命令を実行できないという特徴的な障害が出ます（左手で文字を書いてみなさい、といわれてもできないなど）。ほかに、主な働きとしては、脳梁の前半部は記憶をつかさどる領域と連絡があるため、認知機能も低下します。なんだかぼーっとしていたり、ちょっと以前と比べて「おかしいな、なんか微妙にボケちゃった？」「あら？ 前できたとこができないな……ちょっと大丈夫？」と感じさせるような変化が起きます。

しかしながら、この研究はそもそも男９人、女５人しか調べておらず、研究対象の人数が少なすぎて信憑性に欠けます。

（＊3）C DeLacoste-Utamsing, RL Holloway., Sexual dimorphism in the human corpus callosum. Science 1982;216:1431-2.

その後もさまざまな論文が発表されていますが、有力なものはないようです。いろいろな研究論文を調べてみたところ、その中に５６００もの論文から脳の質量に関して条件を満たす１２６の論文を抽出し、そのすべての結果を統計的に解析した論文がありました。（＊4）それによると、質量と密度で男女の差を認める結果でした。

その論文によると、男性のほうが脳内の容積は大きく、容積および組織密度において性差のある部位は、扁桃体《へんとうたい》、海馬《かいば》および島《とう》でした。これらの領域は、人間の男女の差を解明する手掛かりになる可能性があると発表されています。

ちなみに、この論文で論じられた脳の部位について簡単に説明すると、扁桃体とは、情動に関係しているといわれていて、記憶の固定にも関与している部分です。海馬とは、記憶の貯蔵庫のような働きをしています。扁桃体や海馬は大脳辺縁系とい

正面から見た脳の断面図

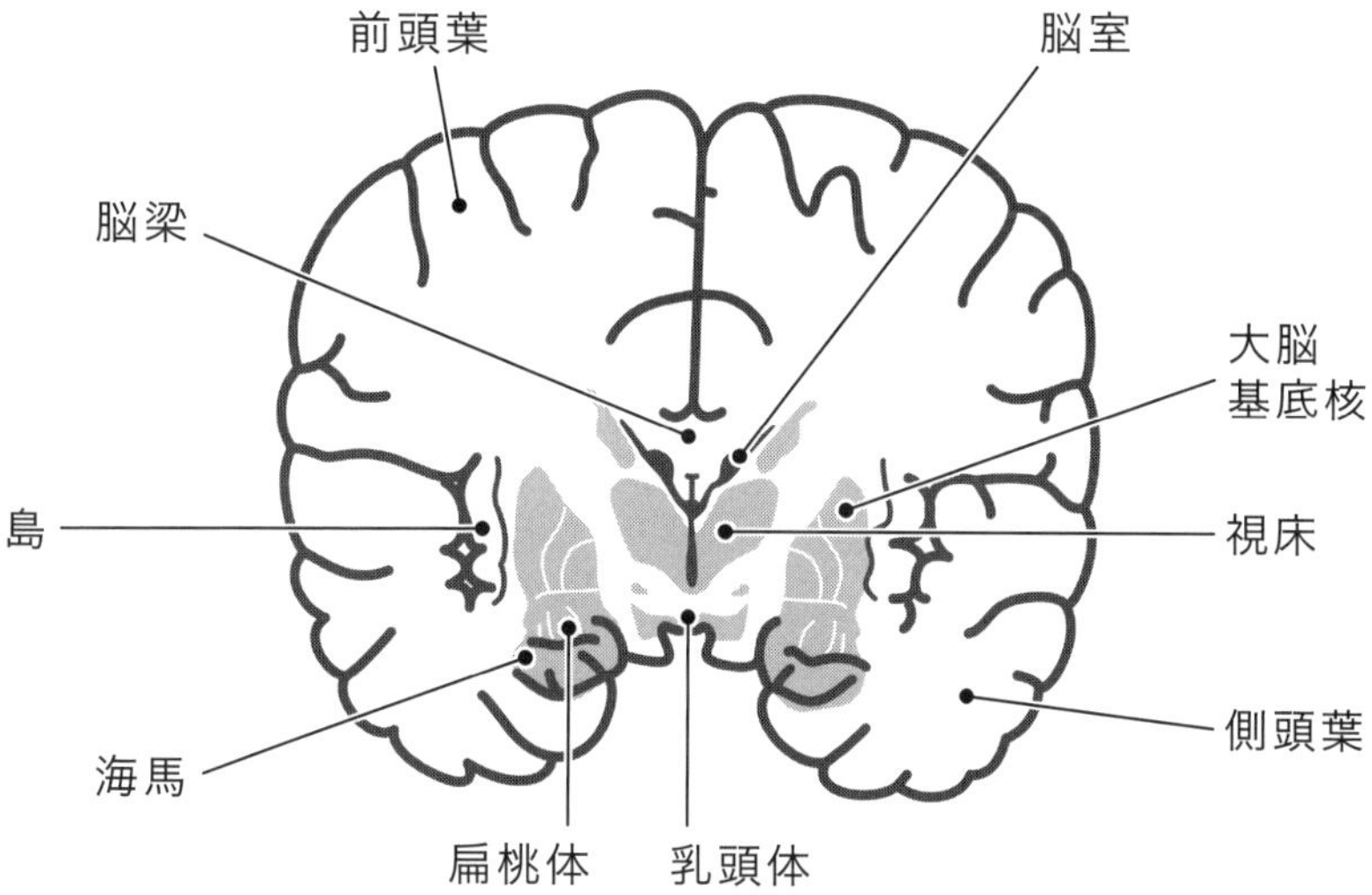

う、大脳の中でも原始的な脳で、人間の本能により近い働き、例えば恐怖や快楽といった情動や、生命維持に必要な自律神経系などの中枢を担う一部分です。

島《とう》とは、島回ともいうのですが、ここはさまざまな働きをしています。味覚や嗅覚、身体的および社会的な痛み、情動（喜怒哀楽など）、触覚や感覚などにも関連するといわれています。

（＊4）A.N.V.Ruigrok et al., 2014. A meta-analysis of sex differences in human brain structure. Neuroscience and Biobehavioral Reviews 39, 34-50

しかしながら、この論文も言い切っていないように、いくら形態的な差があったとしても、それを機能的な差や能力的な差と結び付けて考えるのはまた別問題です。それはつまり、頭の大きい人は頭がいい、小さい人は頭が悪い、といった乱暴な話と同じになってしまいます。

そして人間の場合は、環境による要因が強く影響する可能性があります。国や地域が変われば、性格や考え方も大きく変わるのと同じです。人間の思考パターンや行動パターンは、後天的につくられる要素がかなり多いため、環境による差を統計学的に分類し、取り除くことは非常に難しいでしょう。科学的に根拠があるということは、「統計学的な有意差」があると示せて初めて言えることです。そのためには、できるだけ同じ環境で生きてきた大人数を対象に、統計を取る必要があります。そして、結論に絡んでしまう可能性のあるさまざまな要素（バイアスといいます）を取り除いたうえで、さらに対象の人たちには、どのような結論を導きたいのかは知らされない状況（ブラインドといいます）にして、比較検討されなくてはならないのです。はっきりとした根拠を示すのは、非常にハードルが高く、困難なことなのです。

しかしながら、長い歴史において、男女の違いが非常に多くの側面で語られ論じられているのもまた事実です。古くからの生活の知恵「おばあちゃんの知恵袋」的なものが、科学的に根拠があった、という話はよく耳にします。もしかしたらこの男脳と女脳の存在も、いまはまだ有力な科学的根拠がないだけで、実はまぎれもない事実として存在するのかもしれません。現在でも存在することを強く主張している科学者もいます。

男女の脳の違いは、いろんな人たちにとってとても興味深いもの。今後もいろいろな研究がなされていく分野なのでしょう。何年後かには、偉大な根拠をもった研究論文が発表されるかもしれません。楽しみにして待ちましょう。

6 子どもが頭を打ったらどうしたらいいの？

医師として日々診療をしていて、かなり頻繁に遭遇することに、子どもの頭部外傷、すなわち頭を打った、頭を怪我《けが》した、ということがあります。小さな赤ちゃんやお子さんが、突然転んだり怪我をして、しかも大切な頭を打ったりしたら、親としてはとても心配です。私は脳専門の医者ですが、かく言う私も自分の子どもが強く頭を打ったりしたら、症状からは大丈夫だとわかっていても、どこか何か起きるのではと、心配でハラハラして気が気でなりません。だから親となった今では、医師の立場からはたいしたことのない頭部外傷でも、青い顔をして病院に駆け込んでくる親御さんたちの気持ちがよくわかるようになりました。そんな時に少しでも助けになったらと思い、赤ちゃんやお子さんが頭を打った時にどうしたらいいかを、少しこの本の趣旨から外れますが書いておきます。

そもそも子どもの怪我は、太古の昔からその命を脅かす事件の一つでした。だいぶ危険が取り除かれ社会が進歩した今では、総数は減ってはいますが、不慮の事故と並んで1歳以上の小児の死亡原因の第一位となっています。

赤ちゃんは頭が大きいため、体の重心が上にあり不安定です。さらにバランス感覚や足の力も十分ではないため、すぐに転んで頭から落ちたり、ひっくりかえったりすることが多く、頭を打って怪我をする子は日常の中でもよく遭遇します。

「目を離したすきに、ソファから落ちて頭を打ちました。大泣きして、たんこぶができました。そのあと泣きやんで寝て、目が覚めたあとはいつもどおりに遊んでいます。元気なのですが、頭を打っているので心配で心配で……」と言って脳神経外科の外来に駆け込む親や、夜間休日の救急外来を受診する方の多いこと多いこと。親としては、自分の子どもに万が一にでも何かあったらと、心配が尽きません。ただ幸いなことに、それらのほとんどは問題なく、検査も必要としないレベルの軽いものであることが多いです。なんとなくこの状態で大丈夫そうだけど、本当に大丈夫なのかわからない、少しでも安心できるなら、と思って受診することが多いのでしょう。私もその気持ちは本当によくわかります。

では、具体的にどういう時が危ないのか、気をつけないといけないのか。危ない頭の怪我とそうでないものについて説明したいと思います。

まずチェックすることは以下のふたつ。

① 何よりもまず、子どもの様子がどうか？（これが最重要）

医師は、赤ちゃんや子どもを診る時に大切にする大原則があります。それは、「ご機嫌はどうか」ということです。例えば、熱が出ていて小児科にかかっても、機嫌が良くて元気なら、薄着にして熱をこもらないようにし、様子をみることが多いと思います。頭についても同じことがいえます。以下のことを観察してみてください。もし当てはまった場合は病院を受診してください。

子どもが頭を打った時にチェックすること

- 反応がいつもと違って元気がない。機嫌が悪い
- 母乳や水分、食事をとる量がいつもより目立って少ない

- 顔色が悪い
- グッタリしている
- たんこぶがどんどん大きくなり、ぶよぶよと柔らかい
- 何回も嘔吐をしている
- けいれんやひきつけを起こした

ただし、たんこぶについては基本的には怪我の程度と関係するのですが、まちまちのことも多いので、たんこぶの様子をよく観察し、小さくてもそれ以外の症状が当てはまる場合や、強い出血が止まらない場合や、どんどん大きくなる場合は必ず受診しましょう。ちなみに擦り傷などを伴っている場合は、流水でキズをよく洗い、清潔なガーゼやタオルなどで、創部を圧迫しましょう。血が怖い人も頑張って、傷の状態をよく確認しましょう。状況を把握し、観察することはとても大切です。

②どのように怪我をしたか？

何をしていて、どこから、どのようにして、どこを打ったかを確認します。これは、怪我の状況や、その際の衝撃の強さを推察するために必要な情報です。怪我をした時の状況と目の前のお子さんの状況を比べて、一致するかどうかを医者は重視しています。

怪我をした時の状況をチェック

● 転んだのか、落ちたのか？
● 転んだ際の状況はどうだった？　落ちた場合、どのくらいの高さから？
● どこにぶつけた？　床？　地面に？　柱？　ドア？　鉄柱？　硬いもの？　柔らかいもの？
● どこをぶつけた？　おでこ？　後頭部？　側頭部？
● どのようにぶつけた？　後ろ方向に転んだ？　前のめりに転んだ？　手を先についた？
● 体の他の部分は怪我していないか？

さて、ここからはもう少し詳しく説明していきます。前述した①の中にある「子どもが頭を打った時にチェックすること」リストの中でも、特に多い異常について説明しますので、参考にしてください。

A：嘔吐だけの場合

嘔吐は軽症の脳しんとうでもよく見られる症状です。日常診療でも比較的頻繁に遭遇します。脳しんとうは文字どおり、頭を打った際の衝撃で脳が揺さぶられ、嘔吐中枢という部位に影響を及ぼし、吐き気や嘔吐が出現します。単に揺さぶられた影響だけで、脳に実質的な損傷がないため、ＣＴやＭＲＩで検査をしても特に異常がないことが多いです。その場合は、安静にしていれば次第に回復することがほとんどです。しかし、小さい子どもの場合には、嘔吐を繰り返すことで余計に症状がひどくなり、水分を受け付けられなくなってしまうことがあります。その際には、点滴をして症状が消えるまで入院する必要があります。その場合でも過剰に心配する必要はありません。検査での画像上異常がなければ回復することがほとんどです。

さて、どのあたりが注意すべきラインなのか分かりづらいのですが、頭を打ったあと数時間以内に3、4回以上の繰り返す嘔吐があるかどうかは一つの判断基準です。5回以上、6時間以上続く場合は、絶対にすぐに受診してください。頭の中に出血していたり、脳挫傷などの急を要する病変がある可能性があります。しかし、そうなる前に早急に察知して検査をした方が良いに越したことはないので、症状が気になる際は、受診しましょう。

上記の回数に満たない軽い1、2回の嘔吐のみで、赤ちゃんが元気な場合、様子を見ても大丈夫なことが多いですが、機嫌が悪かったりぐずったりしていると思ったら、症状が悪化してきたということがありますので、しばらくは子どもをちゃんと観察し、気になったら受診しましょう。

脳しんとうなどの症状の多くは2時間以内、長くても6時間以内に出るといわれているので、その間子どもが元気かどうかをよく注意しましょう。

ただし、格闘技やサッカー、ラグビーなどの体への衝撃が強いスポーツでの脳しんとうは別です。その衝撃の度合いや特徴から、より慎重に考える必要があるため、少しでも異常を感じたら、脳神経外科を受診しましょう。

心配な場合お勧めなのが、自治体などが行っている小児救急相談へ電話するか、近隣の大きな病院がある場合は、まずは問い合わせの電話をしてください。いきなり行くよりもスムーズですし、的確な判断が可能で、時間的な無駄も省くことができます。

B：たんこぶができた。（たんこぶだけ）

日常診療でよく目にするのが、たんこぶができたから心配だ。いや、むしろたんこぶができないときの方が心配だ、などと言って受診される「たんこぶ問題」です。

たんこぶとは、専門用語では「皮下出血」や「血腫」と言います。その名のとおり、要は血の塊《かたまり》なのです。皮膚の下なら「皮下出血」というように出血した場所で呼び名が変わります。ちなみに重症度も変わります。

たんこぶは、基本的には怪我の衝撃の強さに一致することがほとんどです。例外的には、交通事故などでものすごく強く頭を打った際には、皮膚全体が腫れ上がってわかりにくかったり、跳ね飛ばされて回転力がかかった場合は、たんこぶができづらいこともあります。ただ基本的には、その子の症状がどうなのかが一番大切であることには変わりありません。

たんこぶの見方は以下の通りです。

大きさはどのくらい？　１㎝？　卵くらいの大きさ？　大人のこぶし大？

基本的には小さいほど安心。卵くらいはやや大きめで、おでこだと少し打ったくらいでも比較的できやすいです。大人のこぶし大は子どもにとってはかなり大きいです。骨折してるかもしれないので病院へ行きましょう。

時間とともにその大きさはどうなっているか？

なじむように小さくなってきたなら、もうたんこぶの出血は止まっているので心配ないでしょう。逆に大きめで、ぶよぶよとしていて、さらにどんどん大きくなってきた場合には、骨折を伴う可能性があるためすぐに受診をしましょう。打ったところが赤くなっているだけ、もしくは、小さいたんこぶがあるけど本人は元気でけろっとしている場合、たいてい大丈夫ですが、数時間はしっかりと様子をみましょう。その他の前述したような症状があったら、たんこぶの有無に関係なく病院を受診しましょう。

Ｃ：すぐに病院へＧＯ！　の時はどんな時？

お子さんの頭部外傷はほとんどが軽症です。しかしながら、時として入院が必要になるようなケースがあります。以下にまとめてみましたので、このような場合はすぐに脳神経外科を受診しましょう。

こんな症状の時はすぐに病院へ！

- ぐったりして元気がない
- イライラ、ソワソワして行動や反応がいつもと比べておかしい
- 一方の手足が動かしづらそうにしているなどの麻痺の症状や、がくがくと震えるなどのけいれんの症状
- 意識がなかった（1分以上は特に注意）
- 5回以上6時間以上続く嘔吐
- 明らかに大きな傷を伴う場合（出血が止まらない、傷口が大きい）

CT検査に伴う被ばくについて

日本は医療大国で、レントゲンやCT、MRIがどこの病院にもあるという世界でもまれな国です。そして、実は小児にすぐにレントゲンやCTを行う国としても有名で、世界では「日本は過剰診療だ」と非難されることもあります。

子どもはじっとしていられないので、20分や30分かかるMRIでは撮影できず、CTが多用される傾向にあります。1分程度で終わり、ケガによる骨の状態も見られて、脳挫傷などの脳内の出血を見るのに最も適しているためです。レントゲンは骨を見るもので、脳の状態まではわかりません。そして日本は国民皆保険制度というとても恵まれた制度があり、患者の医療費負担額が世界と比べて格段に安いので医師の方も「心配なら検査をしよう」と気軽に行ってしまうという背景があります。それゆえに、診療による患者さんの被ばく大国でもあるのです。

実はレントゲン1回の被ばく量はとても少なく無視できる程度なのですが、CTの被ばく量はなんとレントゲンの100倍もあるのです。さらに子どもは大人に比べて体が小さいため、同じ条件でも被ばく量が2～5倍になり、それだけ各臓器に負担がかかってしまいます。ですから、どんな頭の怪我に対しても、とにかくCTを撮ればいいというものではないのです。

さらに、子どもの年齢が小さければ小さいほど、被ばくの影響は大きく出るといわれています。被ばくはすればするほど、発がんなどのリスクが上昇します。単回ならほとんど問題になることはないのですが、複数回行えば影響が出ないとは言いきれません。「何回まで大丈夫」ということもわからないので、可能な限りCTは子どもや赤ちゃんにはしない方が良いと思います。とはいえ、どうしても撮影する必要があったり、重要な事実を見落としたりしては本末転倒です。

以上を踏まえて、検査することのメリットが高いとなれば、医師が総合的に検査をするかどうか判断しています。検査希望の場合は、担当医に相談して決定してください。

7 赤ちゃんの頭の形が気になったら

最近よく話題になっていて、患者さんからの相談も多いのが、赤ちゃんの頭の形についてです。芸能人がブログなどで、赤ちゃんの頭の形が綺麗な真ん丸になるように、形を矯正するヘルメット（リモデリング・ヘルメット）を使い始めたなどという記事の影響で、それについて聞かれることがあります。ここでは、頭の形について解説していきたいと思います。

まずは、頭蓋骨について少し説明します。人間の頭蓋骨は、いくつかのパーツに分かれていて、それらがくっついて頭蓋骨を形成しています。実は赤ちゃんのうちは、おのおののパーツの骨同士のつなぎ目（縫合線《ほうごうせん》といいます）は未発達で、ユラユラとゆるくつながっているだけです。

というのも、赤ちゃんは生まれてくる時、母親の狭い産道の中をくぐり抜けて生まれてきます。新生児の体の中で一番大きいのは頭なので、少しでも省スペースにして産道を通りやすくする必要があります。頭蓋骨のパーツ同士が自由に動いて、少し重なり合うことができれば、頭囲を小さくすることができます。

そして生まれてきたあとは、脳のサイズがどんどん成長して大きくなるため、それに合わせて頭蓋骨も大きくならないといけません。初めから骨が箱のように組み合わさっていては、それが邪魔で中にある脳が大きくなれないのです。

一般的には1歳半くらいまでは頭の形は変わっていきます。もちろん、早期であればあるほど隙間も大きく骨も柔らかいため、よりきれいな形になりやすくなります。美容的な改善目的で使われるリモデリング・ヘルメットは、一般的には生後6か月以内がベストで、遅くとも生後8か月以内には装着して矯正するものです。（後述）

さて、この頭の形についていくつか知っておいていただきたいことがあります。

うちの子、頭の形がなんかおかしい!? と感じたら、形にもよるのですが、ある種の先天性の病気が隠れていることがごくまれにあります。例えば頭蓋骨早期癒合症《ずがいこつそうきゆごうしょう》が代表的で、クルーゾン病、APERT《アペルト》症候群などの遺伝子疾患もあります。いずれも頭蓋骨のパーツ同士のつなぎ目である縫合線が、生まれた時から、あるいは生まれて間もない早期にくっついてしまう病気です。ただ頭蓋骨だけの問題の場合と、それ以外の症状が伴う場合とがあり、それによってさまざまな名前がつけられています。

ここでは一番多く見られる頭蓋骨早期癒合症《ずがいこつそうきゆごうしょう》について簡単に説明します。

〈頭蓋骨早期癒合症《ずがいこつそうきゆごうしょう》〉

生まれた時から縫合線《ほうごうせん》の一部がすでにくっついてしまっている生まれつきの病気です。生まれた赤ちゃん2000人あたり1人の頻度で見られます。この病気の赤ちゃんは、くっついている部位が自由に動かないため、成長とともに頭の形が病的にいびつになってきます。いびつな頭蓋骨が脳の発達を妨げて、成長発達に影響を及ぼす際は治療が必要です。

手術での治療を行うのですが、できるだけ早いほうが良いでしょう。頭蓋骨が明らかに脳の発達を妨げる前に適切な治療を受けることが大切です。

ごくまれに頭の形がおかしいと受診した方の中に混ざって、このような本当の病気が隠れていることがありますので、知っておいていただければと思います。

とはいえ、ほとんどの赤ちゃんは仰向けが好きですし、決まった一方向を向きたがる

頭蓋骨の異常と正常

骨の動き
圧力

正常

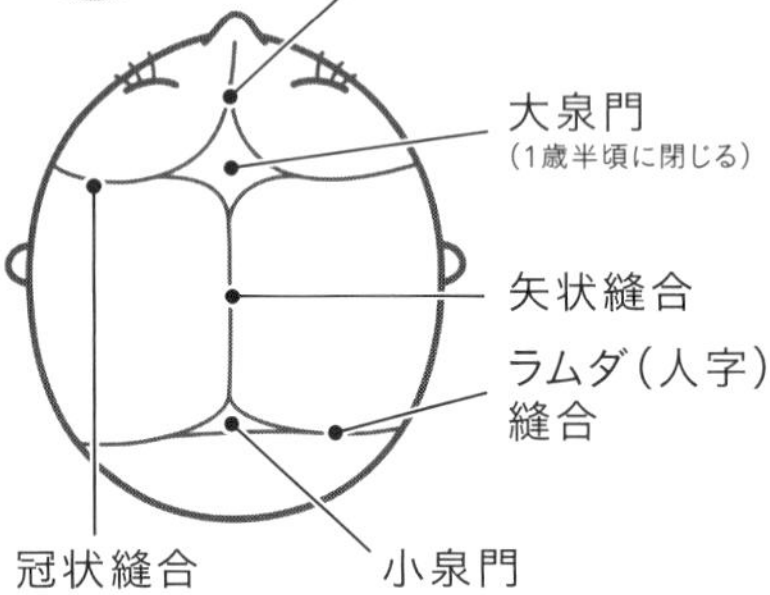

向き癖による変形
（異常ではない）

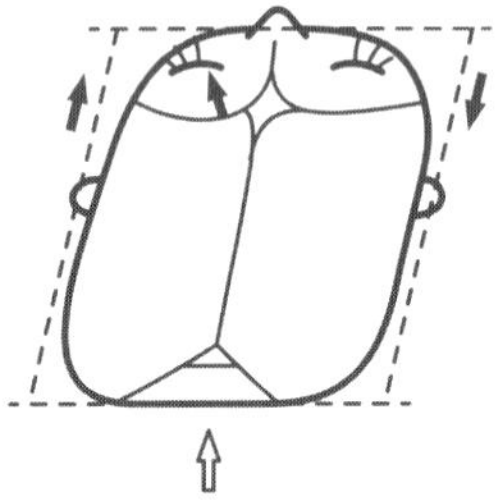

上から見ると平行四辺形に近い形をしているのが特徴。
早期ならリモデリングヘルメットで矯正することも可能

異常

頭蓋骨早期癒合症
による変形

舟状頭蓋

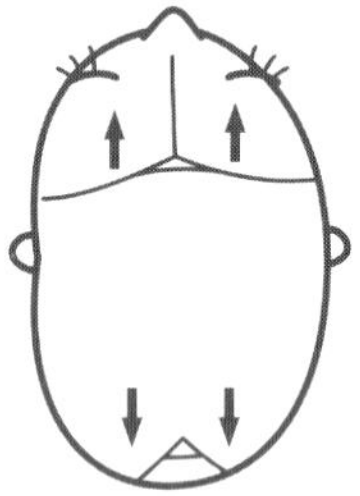

斜頭蓋

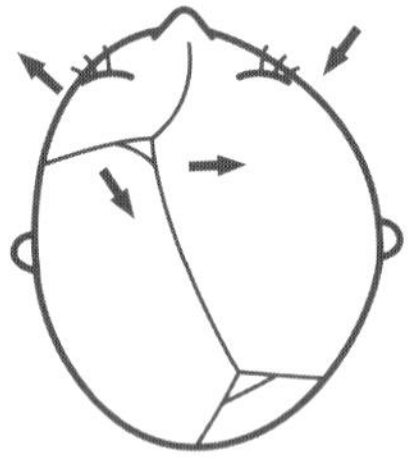

三角頭蓋

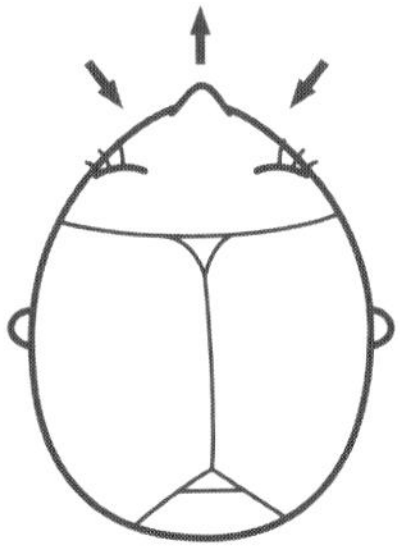

短頭蓋

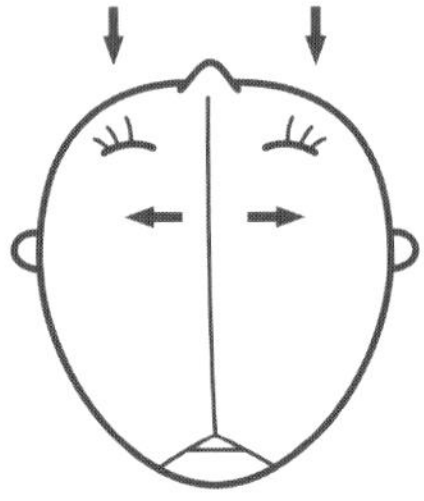

ものです。この「向きグセ」がある場合は、頭の一定の側に重みがかかることで起こる変形で、いわゆる「頭蓋骨の寝グセ」です。美容的な問題はあるかもしれませんが、成長発達には問題はありません。特徴として、頭の形が真上から見ると平行四辺形をしているのがポイントになります（図参照）。

「リモデリング・ヘルメット」とは？

もともとは、軽症の頭蓋骨早期癒合症の治療として開発されたものです。海外では、頭の変形を気にしてうつ伏せで寝かせることが多かったのですが、乳幼《にゅうよう》児《じ》突《とつ》然《ぜん》死《し》症《しょう》候《こう》群《ぐん》の原因にうつ伏せ寝があることが明らかになってから、仰向けで寝かせることが多くなりました。それにより、後頭部が平らになってしまう赤ちゃんが増えてきたことで、矯正するために注目を浴びました。

頭蓋骨がよく動く時期のうちに、オーダーメイドでヘルメットを作り、頭のでっぱっている部分をホールドしてでっぱりを抑え、平らになってしまったところは空間を持たせて膨らむように形を整えて保護することで矯正します。日本では基本的に美容目的で行う完全自費診療となり、高価な治療になります。もし装着するのであれば、生後4〜7か月の間がベストです。あまり遅いと矯正の効果が薄れます。

8 発達障害について

ここでは、昨今話題になっている発達障害についてお話ししたいと思います。「発達障害って何？」「どういう障害？」「もしかしてウチの子そうなのかも？」などと気になっている方々も多いのではないかと思います。私たちの世代が小さなころにはあまり取り沙汰《ざた》されなかった疾患ですが、実は発達障害の子どもは、クラスに一人くらいはいた、ちょっと変った子。例えば、うまく皆と会話が成り立たなかったり、授業中にいきなり騒いで歩き出したり、得意なことにものすごい勢いで没頭し、集中力・能力を発揮するような子。例えば、全国の電車の駅名を暗記していたり、歴史の年号をこと細かに暗記していたり、ものすごく絵が上手だったり。そういう子の中に実は隠れていただけともいわれています。

また、最近では、発達障害を「障害」というくくりで考えるのではなく、その子どもの個性として捉えるという考え方が広まってきています。身体障害者の方も同様ですが、障害があってもだれもが暮らしやすい社会にしていくことが求められるようになってきています。バリアフリーやノーマライゼーションという考え方は、パラリンピックや都市設計の世界だけではなく、日常生活の中にこそ取り入れるべき考え方です。そうしたことから、発達障害をもつ子どもたちとうまく接していくための知識をもつという視点からこの項目を読んでいただければと思います。

発達障害とは大きなくくりであって、正確にはもっと細かく分類されています。自閉症スペクトラム、注意欠陥・多動性障害、学習障害などの疾患概念のことを発達障害と言うのです。

少し前までは、広汎性《こうはんせい》発達障害（PDD: pervasive developmental disorders）と呼ばれてもいました。広汎性発達障害は、自閉症、アスペルガー症候群のほか、レット症候群、小児期崩壊性《ほうかいせい》障害、特定不能の広汎性発達障害を含む総称のことをいいます。皆さんの耳になじみ深いのは、自閉症とアスペルガー症候群、注意欠陥多動性《ちょういけっかんたどうせい》障害（AD/HD: Attention-Deficit/Hyperactivity Disorder）でしょうか。ちなみに、自閉症・アスペルガー症候群・レット症候群の3つを合わせて、自閉症スペクトラムと言います（図参照）。しかしながら実は、特定不能の広汎性発達障害がかなり多く、名前の付いた疾患がいくつか共存していることも多いようです。

問題なのは診断名ではなく、それに伴った症状によって日常生活に支障をきたしていて、攻撃性やうつ、強迫性やパニック障害、てんかんなどの症状も認めることがあるため、大きな社会的障害になってしまうということです。

では、具体的な説明をしていきましょう。広汎性発達障害とはどのような疾患なのでしょうか。

まず、疫学的な話をすると、有病率は1％といわれていますから、１００人に１人程度です。学校では1学年に一人くらいはいてもおかしくない割合です。比較的ですが、男児に多いともいわれています。

症状には大きな特徴があるので、詳しく説明します。

①対《たい》人《じん》相《そう》互《ご》反《はん》応《のう》（アイコンタクトやジェスチャーなど、仲間意識や興味の共有、情緒的なやりとり）という、人間同士の間で行われるやりとりができない。例えば、場の空気を読むとか、相手の思いを顔つきで察することなどができません。

②言語のコミュニケーションが上手にできない。自発的なごっこ遊びや、まねっこ遊びができない。

③こだわりが強い。同じことの繰り返し（常同性）を好む。一定の決まった行動パターンを好み、そこから外れることを極端に嫌い、パニックになったりします。例えば、

朝起きてから家を出るまでの一定の流れ（起床↓トイレ↓洗顔↓リビングでお水を飲む……など）の順序が決まっていて、それを変えられません。例えばその途中で宅配物などの配達が来てしまい中断してしまったりすると、イライラしたり混乱してパニックになることがあります。

また、ねんねの赤ちゃんのころにはわからなくても、成長の段階で徐々に判明してくることが多くなってきます。乳幼児健診で指摘されたり、保育園や幼稚園、小学校に入ってから、先生に指摘されたりします。

各成長の段階で、チェックすることは大まかには次のようになります。あくまで個人差があることなので、明確に何歳何ヵ月まで、などといった具体的なことはいえません。

しかし、子どもにとっては早期発見と早期の支援が非常に重要といわれていますので、気になることがある場合や、先生から指摘をされた場合などには、各市町村の発達障害者支援センターに相談してみることをお勧めします。２００４年から、国は発達障害者支援法を設け、早期発見と支援、および社会参加支援に努めていますので、自治体の役所に問い合わせてみましょう。

発達障害情報・支援センターのサイトに、各ライフステージごとの気付きのポイントが示してありました。とても具体的でわかりやすいので、こちらでも転記させていただきました。サイト内にはもっと細かな説明もありますので、添付のＱＲコードから参照してください。

〈乳幼児期に確認するポイント〉

- 真似っこができるか
- 名前を呼ぶと反応するか
- 指さしができるか
- ごっこ遊びをするか

〈学童期・集団生活が始まる時期に確認するポイント〉

- ルールに従えるか
- 相手の気持ちを想像できるか
- 聴覚過敏・嗅覚過敏・音過敏（大きな音や匂いが苦手で過剰に反応したり、嫌がる）
- 想定外のことが起こるとパニックになる
- 極端に没頭し過ぎる、極端に落ち着きがなさ過ぎる
- 極端に不器用

発達障害の中の各疾患でも違いがあります。その大まかな特徴も次に挙げておきますので少し参考にしてみてください。

広汎性発達障害

- 自閉症
- アスペルガー症候群
- レット症候群

（自閉症・アスペルガー症候群・レット症候群 ── 自閉症スペクトラム）

- 小児期崩壊性障害
- 特定不能の広汎性発達障害

自閉症

3歳くらいまでに社会性の障害・コミュニケーション障害・こだわりの3徴候が見られ、診断されることが多い。1歳6か月健診の時点から早期兆候がみられる事がある。1000人に2〜3人程度。

アスペルガー症候群

言語の障害は無いため、会話能力は正常。対人相互反応が苦手なので、コミュニケーションはうまくできない。

レット症候群（トゥレット症候群）

6〜8歳で発症。チックが特徴的。

運動性チック：瞬き、首振り、腕振り、白目剥き など

音声チック：咳払い、鼻鳴らし、奇声 など

汚言症：卑猥《ひわい》な言葉や汚い言葉などを繰り返し使う

ADHD 注意欠陥・多動性障害

日常生活に支障をきたすほどの、不注意・多動性・衝動性をともなう。1歳6か月健診での発見は困難なことが多い。

不注意：集中力がない。忘れ物が多い。物をなくす。片付けられない。

多動性：落ち着きがない。歩き出してしまう。常にモジモジしている。

衝動性：突発的に衝動に任せて動く。順番を待てない、我慢できない、ルールを守れない。感情をコントロールすることができない。

発達障害情報・支援センター

国立障害者リハビリテーションセンター

2005（平成17）年に発達障害者支援法が施行された後に、厚生労働省内にて開設された発達障害情報センターが基となっています。発達障害に関する最新かつ信頼できる情報を収集・分析し、ご本人・ご家族、全国の発達障害者支援機関、及び、一般国民に対して広く普及啓発活動を行うことを目的として開設された機関です。

検索キーワード　「発達障害情報」
公式ホームページ　http://www.rehab.go.jp/ddis/

赤ちゃんの肌は保湿しよう

最近は子どものアレルギーが増えています。卵や小麦、大豆、そば、などの食事アレルギーやアトピー性皮膚炎などの皮膚のアレルギーなどさまざまです。

日本の研究グループが発表したことですが、赤ちゃんの肌を何らかの保湿剤で保湿していた子どもは、約35%もアレルギーになりにくいということがわかりました。

皮膚は重要な免疫器官といわれています。例えば皮膚の過剰な免疫が原因であるアトピー性皮膚炎では、保湿することの重要性は周知の事実です。赤ちゃんの皮膚を保湿することの重要性はこんなことからもうなずけますね。

赤ちゃんをお風呂に入れた後、保湿クリームやベビーオイルなどで保湿してあげるというひと手間をぜひ続けていきたいものです。

（初めて使う保湿剤は、コットンなどにしみこませて赤ちゃんのお尻などに10分でも良いので当ててみて、赤くなったりしないかどうかテストをしてから使いましょう）。

9 脳活におすすめのこと

脳の活性化について興味深いことがいわれています。脳が成長する時期は、神経線維の髄鞘化や神経回路の発達が目まぐるしく起きています。赤ちゃんから幼児期、子どもに成長するまでの間で、人が新たな能力を身に付けていくときには、さまざまな脳の領域間で相互作用が起こり、その結果、新たな認識ができるようになることが明らかになってきています（＊5）。

このような相互作用は、大人が知覚したり運動技能を習得したりすることと同じようなメカニズムと考えられます。しかし、重要なのは、子どもの成長期です。活発に脳が発達している時期にその相互作用のパターンをつくっておかないと、あとからでは能力の獲得に時間がかかったり、思うようにいかなかったりするという報告があります。

一方で、赤ちゃんの時にそれが難しい子もいます。病気や障害によるものです。例えば、先天性白内障という病気があります。生まれつき目の中の水晶体というレンズが白く濁っているため、物が見えづらいというものです。その場合、外界の視的な刺激が少ないため、脳の視野をつかさどる領域への刺激も少なくなります。この視力に関わる回路は生後3~4ヵ月という早い段階で始まってきます。速やかに白内障を治療すれば、数時間後から急速に回復し始めますが、それでも視力は成人レベルには達しないといいます。さらに治療が遅れ、例えば9歳になってその白内障を治療した子どもでは、大人になった時にも視力がなかったり、顔を認識する能力も苦手になってしまったりすることがあるそうです。

このように、脳活のためには、脳の発達している一定の時期に、外界からの刺激を行い、注意を向けさせることによって、脳内のさまざまな領域間で相互作用を起こさせ、次々に回路を形成させていくのです。このことを認識しておくことが大切です。

外界からの刺激は、五感からくる刺激や経験といえます。そして、それに注意を向けることで神経回路は形成されていきます。

具体的には、聴覚は赤ちゃんがお腹の中にいる頃から発達し始めているため、音楽は早い段階で好きになる子が多いです。どんな音楽でも喜ぶなら構いませんのでお勧めします。色は、はっきりとした原色のほうが認識しやすいため、たくさんの鮮やかな色を使った絵本や絵画などを見せると良いかもしれません。

触覚については、やはりその名のとおり、いろいろなものを触らせることです。赤ちゃんの時期に最も感覚が優れているのは、指先だけでなく口もです。だから何でも口に入れたがります。きちんと安全を確保したうえで、さまざまなものに触れさせるようにすると良いと思います。

運動能力に関しては、発達の段階に合わせて、どんどん体の動きを促していくことです。こちらも安全を確保したうえで行うことが大切です。例えば、首すわり後に、うつ伏せの練習。上手になったら、次は寝返りの練習など。また、おもちゃでは遊びたがらず、大人の物を引っ張りだして遊びたがる時期には、いろいろな大人のものを箱に詰めて、それを引っ張り出す遊び専用の箱を作ると良いと思います。公園で遊べるようになったら、服が汚れても良いから泥んこや水浸しになって遊ぶ時間をつくるようにします。危険だからと家の中に閉じ込めるのではなく、目の届くところで危険回避できる環境を整えて、自由に動けるようにすることを心掛けましょう。

余談ですが、わが家は転んでも大丈夫なように、あらゆる床にクッションマットを敷いています。家中が子どものプレイエリアです。

体操教室やバレエ、サッカーなどの習いごともいいかもしれません。本当は、都会のコンクリートジャングルより、大自然の中で周りの自然すべてが遊び場のような環境のほうが、さまざまな感覚を養うことができて最高かもしれませんね。これからは地方の自然あふれる環境で育った子どものほうが、地頭は良くなるかもしれません。私が思っていることは、子どもの好奇心や興味をあまりさえぎらないようにすることが発達の近道なのではないかということです。ただし、安全を守るのは親の役目ですので、危険な要素は可能な限り取り除いて、安全を確保することを心掛けましょう。

別の項目で書いたように、脳の髄鞘化のピークは1歳半から2歳、3歳までには落ち着いていきます。

そして、脳の代謝は4〜5歳でピークを迎え、10歳までには大人と同じようになります。その時期に、能力獲得の地盤となる神経回路をつくる、ということが子どもの能力を開発するうえで大切だといわれる理由なのかもしれません。

第1章では、頭や脳の仕組みや役割について簡単に解説してきました。人間の脳とコンピューター・AIは、似ているところがとてもたくさんあります。今後、確実にやってくるAIの時代において、人の脳と機械とではどこが似ていてどこが異なるのかを知っておくことによって、新たな時代を切り開いていく道しるべになれば良いと思います。本章がその一助になれば幸いです。


(＊5) Mark H. Johnson. Functional Brain Development in Humans. Nature Reviews Neuroscience volume 2, pages 475–483 (2001)

わが子を医者にしたいあなたへ

私は天才ではなく、苦労して必死で勉強して医師になれたので、正直あまり偉そうなことはいえません。でも、両親ともに医師でない私に対して、たびたび「どうやって医者になったの？」と質問されます。

現在の日本では、小論文や面接試験もあるのですが、まずはセンター試験などで勝たないと医学部に入れないのが現実です。そして現在の大学受験は、詰込み学習の結果という事実があります。そこを切り抜けるには、地頭の良さはさることながら、少しテクニックが必要かもしれません。受験の科目試験の内容は、極端に言うとクイズみたいなものや、パズルみたいなものだと思うのです。

極端な話かもしれませんが、英語は「文法」というルールと「単語」という知識で解けますし、数学は数々の「方程式」というツールを組み合わせてできたパズルです。どの問題も、出題者の意図にピン！　とくるとスラスラと解けるのです。

「勉強」となると重たいものになりますし、「受験」となるとさらに重たいものになります。そこをあえて冷静に、一歩引いてみることが大切かもしれません。

私自身、薬学部に在籍していたころ、当時の薬学部は、現在の6年制ではなくまだ4年制だったので、カリキュラムのボリュームは1年生からかなりの量でした。数々の実習とレポートを書き、気付けば夜まで大学にいる日がほとんどでした。そこから医学部の受験勉強をしなくてはいけなかったので、とにかく勉強を効率化するしか方法がなかったのです。一歩引いて受験問題を見たとき、「あっ!」とこれらのことに気付いたのでした。

そして、次にもっと大切なことを述べたいと思います。

高校の同窓生は私よりも遥かに優秀でした。医学部に入学した人はかなり多いのですが、これはそういう人たちを見て感じたことです。医学部に入学した人たちは、第一に大前提として、「明確な目的意識」をもって全員まじめに勉強していました。そして第二に、情報処理能力がとても高いという印象があります。(情報処理能力はここで論ずると少し果てしない話になってしまいますので脇に置いておくとします)。

やはり至るところは第一に述べた「明確な目的意識」をもつことがスタートラインだと思います。それは親から言われるものではなく、周囲から押し付けられるものでもないということ。結論として、親が一生懸命わが子を医者にしようとしてもダメなのです。結局は、その子本人の中から生まれる、自らの「志《こころざし》」がないと意味がないのです。

第2章

AI時代に親に知っていただきたい教育のこと

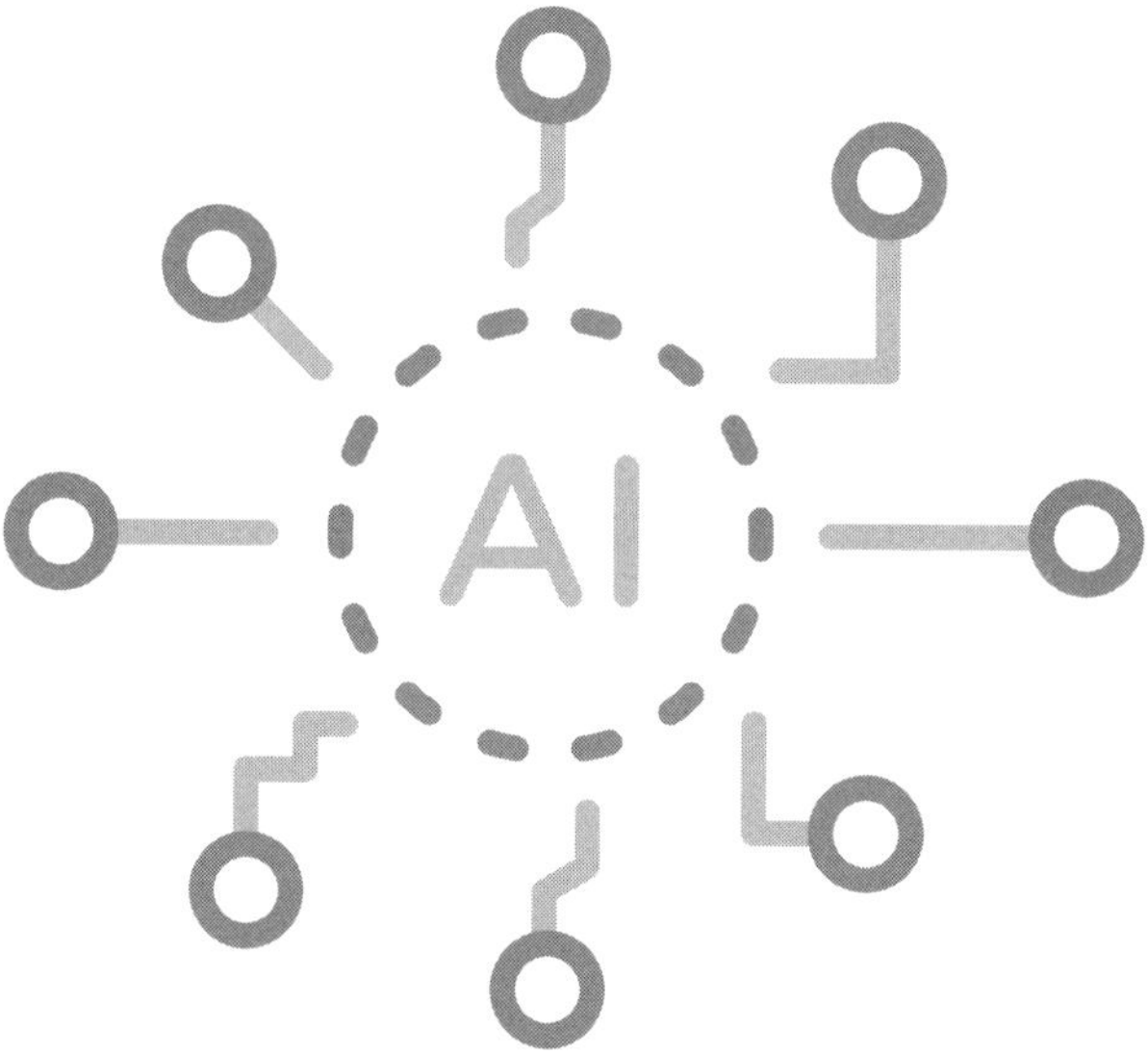

1 学びの重要性
―親はなぜ子どもに学びを勧めるのか？―

勉強に対してみなさんはどのようなイメージをおもちですか？

小学校で習った算数の掛け算や理科の実験、夏休みの宿題の思い出でしょうか。あるいは中学校や高校で受験が大変だったイメージでしょうか？　また、「学び」と言い換えれば別の感覚となるでしょうか？

私の思い出では、小学校時代、算数の授業でチームごとにお店の業種と商品を決めて売上げを競うお店屋さんごっこや、国語の授業で物語のあとに自ら発想した物語を発表し皆で話し合うなどの主体的な学びをさせてもらったことは、楽しい学びとして今でも覚えています。主体的というのは、子どもが主役ということ。自主性を重んじた行動を後押ししてくれた幼稚園・小学校での学習は、振り返ると楽しく感じることが多かったという感想です。

少し大きくなって中学に入ってからは、楽しい科目もありましたし、あまり好きではない科目もありました。ただ、一様に言えることは、知らないことを知ったときは、とても楽しいと思えたことです。受け身の授業でも「なるほど！」と思えることや、勉強に限らず趣味の世界でも、友達が一生懸命に教えてくれることにはとても興味をもちました。それは大人になった今でも続いています。特に大人になると専門性が出てきますので、異業種セミナーや講演会などでの学びはとても楽しく感じます。

皆さんがよく見ている一万円札にもある、幕末から明治時代に活躍された福澤諭吉先生の著書『学問のすゝめ』の有名なくだりは、多くの方が耳にしたことがあるかと思います。「天は人の上に人を造らず人の下に人を造らずといへり」とあります。この言葉は、人の平等をうたっているようにも見えますが、実は、学んだ人と学ばなかった人においては、その後の人生において大きく異なるということを言っています。人生において必要な知識を学び、活かすことを勧めています。

では、真の学びとはいったい何でしょうか？　現在の日本の義務教育制度には、小学校6年間・中学校3年間の計9年間が制度化されています。しかし、実際は多くの方がこのほかに、保育園や幼稚園、高等学校や高等専門学校、さらに、大学や大学院などに通います。つまり、生まれてから相当程度の期間、幼少期から青春時代までを勉強に費やしていることになります。いったい人は何のために何を学び、いったい親は何の後押しをしているのでしょうか？

　第二次世界大戦後の日本は、鉄鋼業・造船業・化学工業などの製造業を中心に発展をしてきました。生産現場は日本にあり、そこではものを作る労働力と、まとめ上げ、管理や開発をする人材が求められてきました。振り返ると、その時代時代において、必要な人材の開発を官民一体で行ってきた歴史があります。江戸後期に大砲を積んだ黒船が来訪したときには、圧倒的な科学技術の格差を見せつけられ、今後この国はいったいどうなってしまうのかと当時の日本人はとても恐怖を覚えたことかと思います。隣国である清はイギリス

1930	1940	1950	1960	1970	1980	1990	2000	2010	2020
		昭和時代					平成時代		令和時代
					第三次産業革命			第四次産業革命	
			自動車製造業、機械工業などの重化学工業				ITサービス		
	第二次世界大戦								
			高度成長期			バブルの発生と崩壊		サブプライム問題	
	日本国憲法に、教育を受ける権利と義務を明記。教育基本法制定。小中高大の制度へ転換。		高度経済成長に伴う急速な拡大と、ベビーブームへの対応として、量的拡大推進。理工系人材需要拡大へ対応。		経済の高度化に伴い、知識量の増大と質の向上化。	包括的な教育改革により基礎基本を重視、自己教育力の育成。総合的学習の導入。高校の多様化。		地方や学校における裁量の拡大。スーパーサイエンススクール等の実施。グローバル化の進展に伴う国際的共通化。	
				高等学校などへの進学率87%			高等学校などへの進学率96%		
		テレビ放送開始（日本）	テレビのカラー化		BS放送開始		携帯電話の普及	スマートフォンの登場	
					ファクスが普及		ブロードバンドの普及		

大河原 智 作成

に戦争で敗れており、西欧諸国はアジアに進出を拡大していたのです。その後、幕府による大政奉還に続き、明治政府が樹立されましたが、明治政府は「西欧に追いつけ追い越せ」と近代化を推進しました。20世紀に入ると大正時代以降には2度の世界大戦や世界恐慌が繰り返され、日本はそのたびに努力をしながら世界に適応してきました。それにより現代の経済や社会環境があるのだと思います。

今やさらに、デジタル革命（第三次産業革命）が進行中で、人口知能やナノテクノロジーなど急速な社会変化（第四次産業革命）の

日本の産業革命と主な教育施策

	1850	1860	1870	1880	1890	1900	1910	1920
時代	江戸時代			明治時代			大正時代	
主な産業の動き	第一次産業革命			第二次産業革命				
	手工業	絹などの軽工業		鉱山開発や造船業				鉄鋼業
	農業							
主な出来事					日清戦争	日露戦争	第一次世界大戦	関東大震災
								金融恐慌
主な教育施策等	幕府や諸藩が設けた学校と、寺小屋・私塾が相当程度設置をされており、武士の子どもに限らずに、読み書きや実用的な算術なども教えられる。世界的にも高い識字率。	全国の教育行政を文部省が統轄。近代教育制度を構築し、小学校への就学率は95%に。近代産業の発達に伴い、中等諸学校や専門学校が急速に発展。					社会情勢や国民生活の変化を受けて、中等学校以上の改革と拡充が急速に進展。	
進学率								
通信手段	飛脚等による手紙	電話の開発と実用化・郵便制度の確立					無線の実用化	

過程にあります。生産現場はアジアなど諸外国にシフトし、最近の日本はサービス業が中心の経済構造へと大きく変革をしており、オフィスだけではなく家庭にもパソコンやタブレット・スマートフォンが入り込み、日々の生活を支えています。例えば、スーパーマーケットに行かなくても欲しい物を届けてくれるデリバリーサービス、人と人とのコミュニケーションをつないでくれるＳＮＳ、手元で容易に送金ができる金融サービスもあります。このようなサービスを使う人がいれば、エンジニアやプログラマーといった業種など、それを裏で支えている人がたくさんいます。つまり、その時代に応じた技量がないと、人材と仕事のミスマッチが起きやすい社会になってきているのです。

人は、必ずしも産業構造の一員となるためだけに学びを行っているとは思いません。愛情や尊び・自由や感謝など、人としての多くの学びもあるかと思います。しかしながら同時に、働いて稼いで生計を立てることは社会生活において大きな要素です。社会で生き抜いていくためには、それなりの学びが必要です。先に記した学校での勉強は、大人たちが子どもに社会で通じる学力を身に付けるという目的でこれまで教育してきました。

さらに今、学びは子どもだけではありません。すでに大人として社会で活躍をされている方も、時代に即した学びにおいて、時流に乗り遅れない対応が必要になっているように感じます。学べば再チャレンジが可能である社会整備が重要であるとともに、急速に発展をしているのが現社会であることをまず認識しておく必要があると思います。

国語の答案のお話

国語のテストで課題文章の右側に縦線が引いてあり、「この時の作者の気持ちを述べよ」という問題はなかったでしょうか？　小学生のころからたびたびこの問題を目にしていましたが、子どもながらに「だれかが著者に聞いてきたのかな？」という疑問がありました。

私が通っていた中学校・高等学校はまるで大学に入るための塾みたいな学校でしたので、回答方法は当然にテクニックとしてわかっていました。中学3年の2学期、国語の得点はある程度取れそうでしたので、あまりにも気になっていたこの疑問に、ダメもとでチャレンジすることにしました。

「この情景を付け加えることによって本文に一層の深みが加わり、編集部から好感がもたれ、売り上げも上がるもしれないと思った」と解答しました。採点が終わり返ってきた答案には、当然のごとく×がついていましたが、この時のことをいまだに思い出す時があります。〇ではないかもしれないけれど、×でもないような気がする。この話を友人にすると必ず笑われますが、奇をてらっているとも思いますので、仕方がないと思います。
ただ、世の中には答えがないことはたくさんあります。皆さんは、子どもにどのように教えていらっしゃいますか？

2 AIとは何か／求められる人材

昨今、人工知能（AI）という言葉をよく耳にします。実はAIは前から研究や一部実用化をされていました。例えば、学習する機能が付いた機器として販売をされていたものとして、ロボット犬などがそれに当たります。人がいろいろな言葉を投げかけたり触れたりすると、ロボット犬はそれを学習して反応を返してくれます。

近年は、コンピューター機器の性能の向上に伴って、ネットワーク網で接続された膨大な情報の蓄積とデータの処理能力が一段と加速しました。それによって統計的なデータの素早い計算が可能となり、いろいろな予測を出しやすい世の中となりました。例えば、皆さんが利用している天気予報は、30年以上も前から気象観測データをもとにして大型コンピューターが過去のデータを参照し、予測を打ち出しています。気象衛星ひまわりから得た情報はスーパーコンピューターで処理され、全国各所にある気象観測所で得たデータと共に、予報を算出しています。また、カーナビゲーションシステムでは、今までの運行データをもとにして、渋滞時においても予想到着時間を比較的正確に算出し、抜け道も案内できるようになってきました。

25年前、学生時代の私はコンビニエンスストアでアルバイトを経験しましたが、そこにあったPOSレジスタの先進性に感銘を受けました。そして、これが今までの弁護士として自分の事務所をもちたいという明確な目標から、ITで身を立てたいと思うようになったほど大きな出会いであり転換期となりました。

POSレジスタが導入されるまでのスーパーマーケットや小売店では、スーパーバイザーとして経験則をもった人間が仕入れ業務を行っていました。「明日は天気が良く暖かいのでこの商品がこの程度売れそうだ」と人の感覚値に頼った仕入れが主流でした。

一方、POSレジスタにおいて、商品が売れると本部のホストコンピューターにデータが配信され、蓄積されます。それによって昨年の同時期において何がどの程度売れたかを計算し、似たような天気や気温、周辺店舗の売れ行き状況をコンピューターが計算し、仕入れにおける最良の数量を教えてくれます。もちろん工事による交通規制や近所でのお祭りの有無などは機械ではわかりませんので、最終的には人が判断をして発注業務を行うこととなりますが、このようにＡＩは、多くのデータに基づき考え、補助をしてくれます。

ＡＩはこのような仕組みで、いろいろな業種においてもさまざまな形や性質、種類のデータを集めて計算を行い、仕入れや出入庫管理、トラックやバスの運用計画などさまざまな分野で予測を出すことができるようになりました。

特に近年は情報の収集能力の向上と高速処理化により、機械がデータを収集し、それを基に再計算して、出た答えからさらに収集を繰り返すという機械学習や、より一層ＡＩが学習と解答を繰り返すというディープラーニングという概念が登場してきました。チェスやオセロで人間がＡＩに負けるなど、コンピューターが学習や推論の分野でも人間の能力より優れてしまうのではないかと心配されている人もいるのではないでしょうか。

未来を予想するベストセラー本も多数出版されており、著者や内容により異なりますが、現在の職業の半数以上は新しいサービスに入れ替わるか、なくなるものと推測されています。例えば、映画『バック・トゥ・ザ・フューチャー』などＳＦ映画の監修には、第一線

急速なネットワーク化により人や情報はつながり、AIの時代へ

の科学者が協力し未来予想を行っていることも多々あります。1960年代にはすでに開閉式の携帯電話や、手ぶらで使えるコンピューター端末などが登場していました。それを見てイノベーションを湧かし、商品やサービスを開発することも多々あります。壁掛けテレビは今や日常生活に溶け込み、ドローン技術を応用した空を飛ぶ車なども開発されました。自動車の自動運転は、実証運転の段階にまできています。案外とSF映画に近い未来が出来上がるのかもしれません。

創造性や感性を活かして

新しく生まれる産業もあれば、移りゆくサービスも出てきています。すでに大手企業では、今まで人手に頼ってきた事務処理作業をできるだけＡＩを用いて省力化することにより人員削減を行っています。急速なキャッシュレス化により無人ビジネスが進んでいるのも顕著です。建物内の警備は動体センサーや赤外線センサーで感知し、ロボットも利用した機械警備が主流となりつつあります。自動車や電車などの乗り物を運転する職種、清掃業務、販売業務などは、人件費の軽減化に向けて機械に置き換わられると予測されています。このように、人の手から機械に代替えさせることにより、収益性が上がる業務や安全性が確保される業務、時代の移り変わりにより必要がなくなる業務において、働く方が次第に少なくなっていくかと思います。

一方、有望な職種としては、バイオテクノロジー関連や、医療の専門職、コンピューター関連、デザイナーなど、専門性や感性を必要とした機械に代替させることが出来ない職業と予測されています。

さまざまなサイトやホームページでも「残る業種・なくなる業種は何なのか！」と未来予測をしていますが、こうしたＡＩの実用化は子どもの今後の職業選択に大きな影響を与えることになるでしょう。

3 中央省庁の施策とSociety（ソサエティ）5・0の時代

前の項目でAI時代に求められる人材についてお話ししましたが、中央省庁においても国家100年の計として、今後のAI時代の人材育成に積極的になっています。文部科学省や経済産業省といった各省庁は、高機能なシンクタンク機関であると同時に、豊富な情報量をもとに政策の実現化に向けて活動をしています。今後の日本を見渡すにあたり、「中央省庁がどのような方針で人材育成をしていこうとしているか」を把握することは親として、教育現場で働く方々にとって、とても重要なことかと思います。時の政権によって考え方も変わることがありますが、教育に関しては党利党略ではなく、子どもたちの何十年後をも見越した普遍的なものであるかと思います。

内閣府の科学技術政策として、これからの社会をSociety（ソサエティ）5・0という概念で提唱されています。なぜ5・0なのかといいますと、次のように人類の進化の過程を見ているからなのです。1・0は、旧石器時代などの狩りをしていた時代です。2・0が農耕器具などを用いた農業の時代。この時代に、お米を利用して貯蓄を行うことや、それらを媒介に売買をすることができるようになりました。3・0は工業化の時代です。ものは製品として大量に作られ、人の手元に届きやすくなりました。そして、4・0は近年の情報化の時代。インターネットの急激な普及により、片手サイズの携帯電話で、動画を見られ、物を買うことができて、SNSなどの相互交流が可能になりました。そして、訪れようとしているのがAIやロボットが活躍するSociety 5・0の時代です。

この5・0の時代において、大切なのは単純に人の代わりとしての労働力のAIやロボットに任せれば良いということではなく、人が上手にこれらの仕組みを使って今まで解決がしにくかった社会的な課題を克服し、同時に経済発展も行い、より住み良い社会をつくっていくという概念です。例えばAIによって余計な食品ロスを減らすことにより、むだなコストをなくして企業収益を向上させ、同時に社会問題をこなし、CO2排出削減にも貢献します。遠隔診療でどこに住んでいてもドクターが定期的に診療できて、判断した結果を介護ロボットが補助することができれば重労働が必要な業務を軽減化し、若手の人手不足も解消するなど、その活用にさまざまな期待がもたれます。

これらによって同時に産業構造の大きな転換が図られますので、時代のニーズに合った人材が必要とされるようになります。新しい社会の担い手となると同時に、社会で幸せに生きていってもらうために、新しい教育に対して積極的に施策と投資がされています。

中央政府機関の役割を大きく言うと、文部科学省は教育を中心として今後の人材育成を行う機関としての役割を担っています。また、経済産業省は民間を活力として経済や産業の発展を担う機関となっています。両者は作用としては別の角度から今後の日本を見つめていますが、将来活躍できる人材の育成という点において、近い目標を立てているように私は感じています。

まずは文部科学省においてですが、同省は教育再生会議・教育再生実行会議において10年近い議論の後、21世紀にふさわしい教育の体制を考えてきました。中央教育審議会においても、同じく今後の教育のあり方について議論を行ってきました。それぞれ諮問機関としての有識者会議ですので提言や答申をまとめています。ここで、本書にあるような今後の社会を見越した議論の末、他国とも比較した日本の教育のあり方と強みを考えています。

日本においての大学教育のあり方は大きな転換点にあります。今までは、文系・理系という大きなくくりがありましたが、産業構造を見渡せばこれは時代遅れとなっています。同時に大学を目指すための入学制度にメスを入れることにより、暗記記憶型の思考回路から大きく転換を図り、イノベーションを起こせるタイプの人材育成に転換を図りたいと考えています。今後の日本において必要な人材は、急激な社会変化に柔軟についていき、さらにその社会においても新興的な成果をもたらすタイプの人材です。

近年の就活事情においては大きな変化が出てきました。昔は、高所得で安定志向として好まれていた大手優良企業や官公庁への人気から、ベンチャー企業への就職希望率が上がっています。正直なところ、この傾向に私自身は驚きがあります。ただ、人生100年時代において、就活される皆さんが自分の居場所を考えた末に、自らの創造性を活かしやすいIT企業などへ就職を考えるならば、同じ業界にいる者として誇りに思うところであります。

一方、経済産業省においても新しい取り組みが始まっています。学びと社会の連携推進事業として「未来の教室」プラットフォームという取り組みが2018年7月より始まっています。これは現在の産業界において、サービス産業の担い手が大きな割合を占める中で、そのような産業の底上げをしていくことを考えたときに、若い段階から人材育成を行っていく必要があるというところから始まりました。

最近ではITを利用した教材を利用し、自身の学力の達成度合いに応じた繰り返し学習が可能になってきました。このようなITを使用した学習を、Education（エデュケーション・教育）とTechnology（テクノロジー・技術）を合わせた造語で、EdTech（エドテック）といいます。EdTechを用いることで自分の立ち位置に合った学習を容易にし、学校の授業についていけない落ちこぼれの状態や、学校の勉強が簡単すぎてつまらないとする吹きこぼれの状態がない状態をつくることを目指しています。

同時に、STEAM教育というものを推進しています。これは、Science（サイエンス・科学）・Technology（テクノロジー・技術）・Engineering（エンジニアリング・工学）・Art（アート・芸術）・Mathematics（マセマティクス・算数／数学）が合わさった複合的な学びの環境です。授業の教科でいえば、算数（数学）は算数（数学）のままです。ただ、学び方を変えることによって膨らみがついてきます。海外での例ですが、「なぜPM2・5は減らないのか⁉」「なぜそのウミガメは死んだのか⁉」といったことが子どもの間で話し合われるのです。これらの話題は大人が目を背けたくなるようなシュールな内容です。前者のPM2・5の話であれば、経済や化学や風土などの、子どもが持ち得た知識で論じることになるかと思います。後者のウミガメの話であれば、海洋学や倫理観などの、持ち得た知識で論じることになるかもしれません。必ずしも正解のない問いにでも、果敢に向き合っていくことで、学ぶ意義と深さを求めていくのがSTEAM教育です。課題の解決を行えることが楽しいと思える子どもの育成を、いかに大人がつくれるかという取り組みをしています。

Society(ソサイエティ)5.0

内閣府

人類の進化の過程での、狩猟社会を(Society1.0)とし、農耕社会を(2.0)、工業社会を(3.0)、近年のITが急激に発展した社会を情報社会として(4.0)、そしてこれから来るビッグデータや情報端末がもたらすAIを用いた新しい社会を(5.0)としています。経済発展と社会的課題の解決を両立する社会がSociety5.0です。病気に対する予防や、エネルギーの効率的な利用、作業の自動化や、食品ロスの軽減など、AIを人が上手く利用した新しい産業構造と社会形態を目指しています。

検索キーワード 「Society 5.0」
公式ホームページ
https://www8.cao.go.jp/cstp/society5_0/index.html

未来の教室

経済産業省

今までは、子どもの教育に対しては文部科学省が主に行ってきましたが、新しいかたちの学びを模索して、経済産業省でも「未来の教室」と称し、取り組みが始まりました。ITなどの先端技術を学びの場に導入し、STEAM教育の推進や、AI Traning+として聞く・話す・読む・書くトレーニングの推進、産学が連携した学びの場の提供などを行っております。ユニークなのは、自分たちの学校の校則を生徒が主体となって変える取り組みの後押しなど、まさに未来の日本で活躍する人材の育成に向けた様々なプログラムを実施しています。

検索キーワード 「未来の教室」
公式ホームページ https://www.learning-innovation.go.jp/

JAXA(宇宙航空研究開発機構)

小惑星探査機「はやぶさ2」小惑星リュウグウへのアクセスなどで特に脚光を浴びたJAXA(宇宙航空研究開発機構)は、日本における最先端の宇宙開発機関として、米国NASA等と連携し、様々な未来に向けたプロジェクトを行っております。各所にある施設においては見学が出来るうえ、宇宙教育センターでは多くの人材育成プログラムも実施しています。画像・映像提供も行っており、スマートフォンやタブレットから、最先端の科学技術に触れることが可能です。将来は、人類も宇宙に羽ばたく時がくるかもしれません。

検索キーワード 「JAXA」
公式ホームページ http://www.jaxa.jp/

4 入試制度改革と今後の入学試験

２０２１年1月よりセンター試験が廃止され、「共通テスト」が実施をされるのをご存じでしょうか？

今までの試験では、知識をいかに覚えて回答するか、いかに計算を行うかなどの能力が主に求められてきました。しかし、実社会では、すでに片手で持てるスマートフォン（小型コンピューター端末）を利用してインターネット網から多様な情報を取得でき、関数電卓を使用した複雑な計算まで、スマートフォン一台でできる時代です。そこで次期に決まった共通テストでは、「思考力・判断力・表現力」を一層重視し、択一試験だけではなく記述式問題も取り入れることとなっています。

現行の学習指導要領で学んだ生徒が受験する期間は、今までどおりのセンター試験同様に6教科30科目で行われますので、その次の世代から新しい学習指導要領に基づいた文章や図面やその他情報による総合的に判断をさせる問題の出題に変わってくることとなります。独立行政法人大学入試センターのホームページには、これらの試行問題として、思考力・判断力・表現力を問うための問題と解答例が掲載されています。各科目に具体例がありますので参考になるかと思います。

大学入試制度では英語の取り組みにも大きな変化があります。民間の検定試験である実用英語技能検定やTOEICやTOEFLなども活用され、今までセンター試験当日の1回だけの試験結果で評価がされてきた英語力ですが、事前に各生徒がチャレンジをする機会ができたことになります。

年ごろのお子さんをお持ちの方は、高校選び（受験）においても、その点を意識する必要が出てきます。文部科学省の高大接続改革として、入試制度を変えることによって、それまでの学び方（勉強する手法）を改めようとしています。多面的・総合的に学力評価することとなってきますので、従来のような暗記・詰込み型のお受験校では将来の道を狭めてしまうことになりかねません。

同時に、選択の幅も広がりました。例えばスーパーサイエンスハイスクールとして、数学や理科などの科学技術分野を担う人材の育成を目的として、理数の重点校として文部科学省より指定を受けた学校が増えつつあります。また、海外の大学を目指すには国際バカロレア認定校制度というシステムがあります。日本では、以前はインターナショナルスクールのみの制度でしたが、日本の高等学校においても同認定校が増えてきました。国際バカロレアが行っている試験を受け、そのスコアをもって世界中の名だたる大学のほぼ全ての入学資格を得ることが可能になりました。海外の入学制度は日本と異なりますので、門戸を大きく広げたかたちとなります。

また、大学入試を目指した中高一貫校なども多く存在します。中学受験をする際に、小学校の時期から自分に合った中学校選びを行っていくことがあると思いますが、今後はますますその必要が出るかも知れません。中学受験の課題において、現在も思考力を問う問題が出題されていますが、大学入試制度改革に伴い、中学受験もより一層内容に変化が出てくるかと予測します。

そもそも今回の入試制度改革には、答えのない課題に対して個々人がどのように考え結論付けるかという論理的な考察能力を評価に取り込むことも重要視されています。これは、人工知能の発達により人の仕事が奪われたり大きく変化したりすることが予測され、そのような中でも人の能力である「人間らしさ」のある思考力を発達させ、今後の社会のけん引役となる人材の育成を目指しています。

新学習指導要領においては、さまざまな教科を詰め込み型の知識だけではなく、正解のない議論を授業の参加者が主体的に行って導き出すアクティブラーニング型のプログラムが取り入れられます。これには先生が教科書や補助教材を中心に単方向に情報を与える従来のかたちから、先生は主にファシリテーター（進行役）となり参加者が自ら学んできた内容を周囲と交換しながら学びを深めていく仕組みです。これを成立させるた

授業はアクティブラーニング型へ

めには、参加者も暗記・記憶主体に偏った内容から、思考をするという姿勢に改め、議題に対して一定程度の予習を行うことも重要であると思います。

今まで現在の日本の入試制度はペーパー型が一般的でした。一方、大学側は大学経営がますます厳しくなっていくことも予測されます。少子化の影響による受験者数と入学者数の減少に対応するために、先に書いた大学入試制度改革だけでなく、入学する学生にどのような「学び」が提供できるのか、学部やカリキュラムに特色を出して一層の差別化を図ってゆく可能性があります。さらに、外国からの学生の受け入れのため、大学入試制度も変化をする可能性があります。

現在でもＡＯ型入試など、共通的なペーパー試験によらずさまざまな評価基準において入学試験を行っている学校も増えてきました。今後はさらに一層の特色を出すために、高校における内申点・作文（論文）・課外活動としてボランティアや生徒会等の活動・科目試験・推薦状・面接などを利用した、海外におけるアドミッションポリシーに近い入学審査基準になる可能性もあるかと思います。

生きる力 学びの、その先へ

文部科学省 新学習指導要録

幼稚園は2018年度、小学校は2020年度、中学校は2021年度、高等学校は2022年度に、学校で学ぶ内容が大きく変わります。AI時代到来に先駆けて暗記・記憶型の教育から、自ら問題提起し、人と人とが知恵を出し合う力を育成するために、"生きる力 学びの、その先へ"と称し、新しい学習指導要領に基づいた教育が行われることになります。具体的に何をどのくらい学ぶかの掲載もされていますので、参考になるかと思います。

検索キーワード 「新学習指導要録 生きる力」
公式ホームページ
http://www.mext.go.jp/a_menu/shotou/new-cs/

大学入学共通テスト（新テスト）

独立行政法人大学入試センター

2020年度より、今まで大学入試センター試験として行われていたものは、大学入学共通テスト（新テスト）として、新たな内容で実施をされるようになります。主に記述式の回答方法を取り入れることにより、暗記・記憶型から思考力・判断力・表現力を求めるものです。この他に、英語の試験として、民間の検定試験を活用し、能力にあわせたランクの試験を随時受けることができるようになった点も特徴です。プレ試験なども予定されており、準備情報も掲載されております。

検索キーワード 「新テスト」
公式ホームページ
https://www.dnc.ac.jp/daigakunyugakukibousyagakuryokuhyoka_test/

国際バカロレア機構

文部科学省

国際バカロレア

国際バカロレア機構 —英語サイト—

文部科学省　国際バカロレアについて

このシステムは、海外で生活をする帰国子女のためにさまざまな国で大学進学を行なえるように、共通プログラムと評価システムによって相互交流を図るための制度として始まりました。日本でも認定校が増え、このプログラムを学ぶことができる機会が増えてきました。一部に日本語により履修出来るコースもあり、海外留学に対するしきいを下げたかたちとなります。高校時代に同機構が行う試験を受けてスコアを出します。世界中の名だたる大学においてこのスコアの受け入れが可能であり、大学独自の評価資料を加えて提出することにより選考されることが一般的です。

検索キーワード　「国際バカロレア」

公式ホームページ

国際バカロレア機構　https://www.ibo.org/

文部科学省　http://www.mext.go.jp/a_menu/kokusai/ib/

第3章

エクサバイト学習法で生きる力を強化しよう

1 各国政府の人材育成の対応方針とトレンド

「就職活動」という言葉がありますが、皆さんのころは順調に活動できたでしょうか？ 1993年ごろから長期的に続いた就職氷河期の最中に活動していた方も多いことかと思います。

今も就職制度はあまり変わっていません。高卒の場合は高校3年生から活動をし、企業内定をもらいます。大学では本格的な専門課程を履修している最中の3年生から就職活動を積極的に行い、企業に入ってから仕事の技術を社内教育や現場の仕事で学びます（ＯＪＴ）。

日本の大学制度は諸外国と少し異なる様子です。近年ＡＯ入試も増えましたので各大学の制度にもよりますが、多くはセンター試験・ペーパー試験による画一的な物差しで一定の得点を取ることによって入学が許可されます。入る時までにいかに勉強をしてきたかが問われ、入口が厳しく出口が緩やかなイメージです。一方、アメリカなど海外の大学では、高校時代の学力だけではなく地域活動なども加えた総合的な評価がされます。入口は比較的入りやすく、大学に入ったあとは修得をしっかりと取り組まなければ出口が難しいイメージです。

そもそもアドミッションポリシーが異なります。日本の場合は、入学時にいかに多くの知識を有しているかの評価を受け、アメリカ等の場合はいかに伸びしろがあるかも評価している点がその違いだと思います。この大学に入った暁には、大学にとってどれだけ貢献をもたらす人材であるのかを、一定の学力の評価である日本のセンター試験のようなＳＡＴのスコアで示すと同時に、高校時代の取り組みと、小論文や面接によって選考するというものです。

諸外国の最近の教育方法や人材育成方法を調べると、日本との共通点もありますが、各国ごとに注力している点に違いがあることがわかります。

各国ともに、学習環境にＩＴの技術を活用すると共に、初等教育からＳＴＥＭ《ステム》などの主体的な学習環境をつくることに注力しています。ＳＴＥＭ《ステム》とは、科学（Science）、技術（Technology）、工学（Engineering）、数学（Mathematics）の頭文字を合わせたもので、科学的な分野を一つの科目ごとにならず総合的に学習をしていく手法のことです。プログラミングなどのコンピューターへの理解や解釈・分析をすることによって、記述や表現をする能力に重きを置いています。日本でも人工知能を使いこなすことができる人材の育成のために、大学生からは学部を問わずＡＩの初級教育を受けることを進めています。この背景には、多量の情報の処理をするビッグデータの取り扱いや、ロボット機械技術などの急速な発達とニーズにより人材確保が追いついていない現状があります。各国ともにこの分野の人材育成に力を入れている次第です。

また、今後は、教育（Education）とテクノロジー（Technology）の頭文字を合わせたＥｄＴｅｃｈ《エドテック》がますます広がっていくことと思います。「テクノロジーの力を使い、教育に新たなイノベーションを起こす領域」として注目されるＥｄＴｅｃｈ《エドテック》にはさまざまなサービスがあります。例えば、子どもが使う教材にスマートフォンやタブレットを用いたり、自宅で授業の動画を見たり、ドリルを解いたりできるような技術です。学習度合いに応じた段階的な学習コンテンツの活用によって、苦手な科目の克服や得意分野を伸ばす学習に活かすことができ、個人に合った質の高い学習方法が提供されていくかと思います。

また、主体的な参加型の授業であるアクティブラーニングによって生徒同士で意見交換をしながら切磋琢磨する学び合いが主流となり、ＳＴＥＭ《ステム》にアート（Art）であるＡを追加したＳＴＥＡＭ《スティーム》教育をベースとした、子どもが夢中になれる学びの環境の提供がいっそう進み、第三次・第四次産業革命における社会の急速な変化に対応するため

の能力を、若い時期から培われていくことになるかと思います。見守る側とすれば、子どもの主体性を伸ばし、自主的に学ぶことのサポートを行えれば良いと思います。

次に、諸外国の教育方針のトレンドについてまとめてみました。

アメリカの教育方針

アメリカの連邦教育省は、2015年第5版となる「全米教育テクノロジー振興計画」を発表し、テクノロジーによって可能となる学習経験の変化を、だれでも経験できるようにしています。個々人に応じた学習方法としてタブレットやインターネットを用いると同時に、教育テクノロジーを利用してオンライン上で専門家や他校の教員との連携など、在籍する学校に縛られない従来とは異なる指導体制に力を入れています。

教育（Education）とテクノロジー（Technology）を組み合わせたエドテック（EdTech）教育を推進すると共に、チャータースクールと呼ばれる地域の人々の手でつくった特別認可学校によってSTEAM学習を目指します。エドテック(EdTech)の背景には、先生の個人差によって生じがちな教える内容のレベルを標準化し、達成度に応じた学習をすることも含まれています。また、飛び級制度があることも有名です。

イギリスの教育方針

イギリスの教育省は、2014年9月から今までの情報(ICT）に代わりコンピューティング（Computing）を導入。情報（ICT）を用いて自らを表現し、アイデアを発展させることができる能力を児童・生徒に身に付けさせることを目的とし、初等教育からその仕組みやプログラミングを教えることに力を入れています。

また、イギリスの行政機関の一つであり、文化や芸術、スポーツ、メディアに関する行政を担うデジタル文化メディアスポーツ省（Department for Digital, Culture, Media and Sport, DCMS）は、教育におけるデジタルスキル向上について、学校をサポートすることに力を入れています。

中国の教育方針

中国の教育部は2018年1月、AIなどの新技術の発展を受け、教育における情報化が、つくる段階から活用をする段階に移ったとして、インターネットの活用や人工知能を用いた教師へのサポートシステムを構築し、国レベルで教育内容を蓄積・活用できる土俵をつくることなどを目標としています。また、国務院（内閣）が新時代の人工知能発展計画を公表したことを受け、教育部は研究開発・人材育成を高等教育で強化するために人工知能の創造性において世界をリードする人材の育成に力を入れています。STEMからSTEAM（STEM+）として、問題解決能力開発のトレーニングに取り組んでいます。

インドの教育方針

インドの人的資源開発省（教育担当省）は2010年と早い段階より、中等教育の生徒のICTスキル向上とコンピューターによる学習支援を推進することに力を入れています。州との協力の下で、目標実現に向けた施策を推進中です。IT教育の推進と共に、特に数学教育に関しては小学生のころから力を入れており、世界からも注目されています。

イスラエルの教育方針

幼少期から高校卒業後、満18歳の兵役まで一貫してSTEM教育を実施すると共に、1990年ころから小学生のプログラミングを必修化しています。イスラエルには「科学技術幼稚園」と呼ばれる物理学やプログラミング言語を教える幼稚園があり、10歳以下の幼少期を対象としたハイレベルな教育制度が整っています。

能力開発の機会を創出し、「才能（Gifted）」といわれる能力に優れた子ども（学年の1・5〜3％相当）の発掘、中高生が大学課程を履修するなどの別カリキュラムを設置しています。与えられた課題に対して、同世代の生徒たちによって解決する能力を求められます。また、兵役時には、ＩＱやリーダーシップ、ハッキング、プログラミング力など個々の能力に合った部隊へ配属されます。

イスラエルは0から1を生み、日本は1を10に育てるなどといわれますが、イノベーションの開発に国として積極的に取り組んでいることがうかがえます。

2 教育投資が見せる効果

子どもが学校に入り、大学を卒業するまでの間にどのくらいのお金がかかるのかをご存じでしょうか？　教育にどのくらいお金をかけるべきなのかと悩まれている親は少なくないと思います。

統計的に社会を見ると、子育てにかかる費用が少子化の要因の一つとなり、教育費の補助を求める意見が多くあります。大学卒業までにかかる費用は、国公立でも約800万円、私立だと2300万円といわれており、仮に子ども2人を大学に通わせた場合の家計に占める割合は約5割〜8割程度と多く、教育支出のGDP比は世界的に見て平均以下となっています。幼児教育と高等教育においては特に低く、家計に占める教育費の負担が大きくなり、通うために重い負担を感じられているご家庭も多いことでしょう。

教育の投資と将来の収入が比例!?

一方で、海外の事例ではありますが幼児教育を受けたことにより、将来の所得の向上

ペリー就学前計画における主な結果

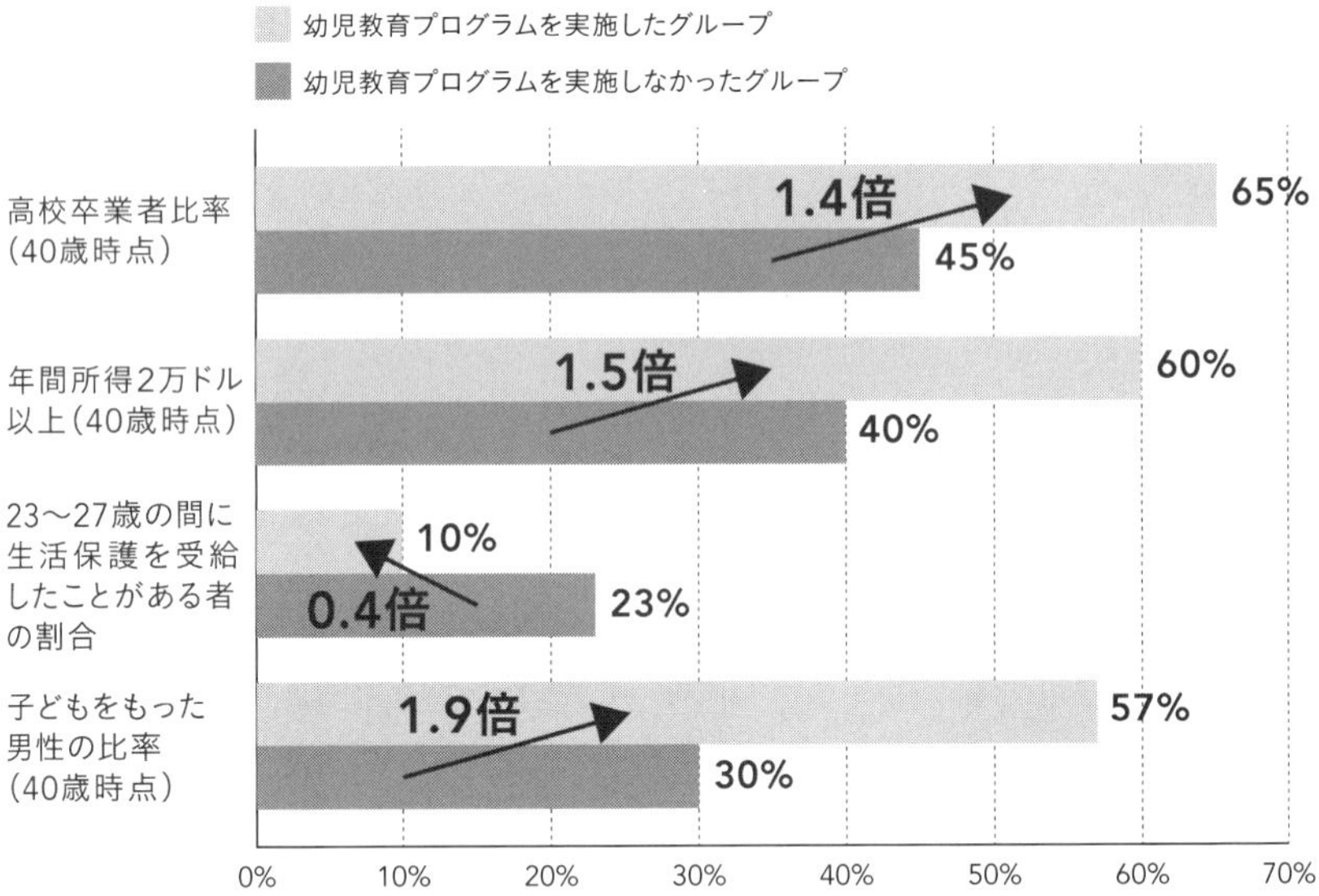

（出典）Lawrence J. et al.(2005) "The High/Scope Perry Preschool Study Through Age 40:Summary, Conclusions, and Frequently Asked Questions" High/Scope Press
人生100年時代構想会議（第2回）配布資料より

や生活保護受給率の低下などの効果が著しいとする有名な研究として「米国ペリー就学前計画」の研究例があります。どのような調査かというと、1962〜67年に低所得者のアフリカ系アメリカ人の子ども（3、4歳児）を対象に、1日2・5時間、2年間の幼児プログラムを実施し、3〜11歳の毎年と14・15・19・27・40歳を追跡調査したものです。これによると、幼少期の教育への投資効率性が将来の人生において極めて高いことが伺えます（上図参照）。

同時に、保護者の所得と子どもの進学率も相関関係にあり、学歴別の賃金も相関関係にあるとされます。家庭の経済事情や両親の学歴が、子どもの学力や生涯賃金へ与える影響は密接に関わっているということになります。

そこには、勉強をしてきた親からはその子どもに対して勉強のやり方を教えやすい事情があるかと思いますし、家計に余裕があれば学習塾や習いごとに投資を行った方が有利であると想像がはたらきます。今後は、今まで以上に情報化の波が訪れることは必至であり、情報の使い方や接し方を知っている子どもと、知らない子どもの間では大きな開きが出てしまいます。また、ITCを利用した便利な教育システムを活用できる子どもと、できない子どもとの間においても差が出てしまうことが懸念されます。


ある研究で、保護者の家庭所得・父親の学歴・母親の学歴を数値化して分析した結果、子どもの学力と相関関係があり、同時に学校の取り組みによってその影響を縮小でき、保護者の働きかけ・意識によって子どもの学力に影響を与えることができることもわかっています。

それは、「非認知スキル」という、物事を最後までやり遂げる姿勢、異なる考えをもつ他者とコミュニケーションをする能力などにより、一定程度学力を押し上げる可能性があるとされた研究です。この研究を行ったシカゴ大学教授のジェームズ・J・ヘックマン(ノーベル経済学賞受賞者)によると、社会的成功には、IQや学力といった認知能力だけでなく、根気強さ・注意深さ・意欲・自信といった「非認知能力」も不可欠とし、幼少期の教育によって認知能力だけではなく、非認知能力も向上させることができると発表しています。

では、この「非認知スキル」を育てるには、親はいったい子どもにどのような働きかけを行えばいいのでしょうか？

ヘックマン教授による主な保護者の働きかけは、次の通りです。

- 子どもの良いところをほめて自信をもたせる
- 子どもに努力することの大切さを伝える
- 子どもに最後までやり抜くことの大切さを伝える
- 毎日子どもに朝食を食べさせる
- 地域社会などでのボランティア活動に参加するよう子どもに促す

同時に、保護者の所得や学歴からの相関関係を下げている児童・生徒の保護者の特徴として、以下の様子が伺えます。

- 規則的な生活習慣を整える
- 文字に親しむように促す姿勢が見られる
- 知的な好奇心を高めるような働きかけを行っている
- 行事やＰＴＡ活動に参加するなど、学校教育に対する親和的な姿勢が見られるすべての人の可能性を広げチャンスを与える教育投資においては、保護者の総合的な対応力で将来を切り開く可能性を増やすことができるのです。

昔から幼少期の習い事として、ピアノ・水泳・英語・そろばん・習字などがありました。最近ではこれに加え、知育を目的としてプログラミングやブロックを用いたもの、国際性と実用性を兼ねた英会話などさまざまな習い事があります。従来から良いとされているものに加え、プログラミングやブロックは論理性と創造性を高めるために有益であると思いますし、言語は聴覚が発達する一定期間中に習得した方が有益だと思います。

ただ一番大切なことは、自らが興味を持って自発的に行動すること。それを継続的に行うことで慣れ親しみ、成功や発見をすることで面白さや成功体験を身に付けて自身につなげていくということです。結果的にある子どもは芸術系を選び、ある子どもは科学系を選ぶだけで、根っこにあるものは同じものであると思います。

3 大人が子どもにできる＋αとは？

保護者のお仕事を、みなさんの子どもは答えられるでしょうか。自宅で仕事をされているご家庭ならばわかりやすいかもしれませんが、仕事が細分化している現代社会ではなかなかそのイメージを子どもが把握することは難しいかと思います。私の親は教育委員会で働いておりましたが、小さなころにはやはり何の仕事をしているのかよくわかっていませんでした。私は地域探索が大好きだったので友達と自転車で遠くのいろいろな街に行き、スーパーマーケットや商店・工場などを見て大人の世界をのぞき見ていました。

知的好奇心は、自発性が尊重され没頭できる環境があると呼び起こされるといいます。今はたくさんの情報に触れることができる時代です。公共や学校の図書館には、子ども向けの分かりやすい本がたくさんあります。どのようにしてその中から自分に合ったものを選ぶかを教えることは、情報リテラシーそのものです。偉人伝・ものの仕組み・児童文学など多種多様で、図書館は〝なんで？〟という疑問の宝庫で、解決のためのヒントの宝庫です。丁寧な解説もある本がたくさんあり、親も一緒に考える機会となります。スマートフォンやタブレットを活用すれば、さらに深い学習も可能となります。楽しさを見つけ、一つひとつのものごとに対して考える癖を付けることが重要であると私は思います。

そして、認めることやほめることも重要です。人間のもつ200に及ぶ能力は、すべてがマスターされるわけではありません。得手不得手が個体差として発生して当然ですが、認められることやほめられることにより肯定感とさらなる探求心が育まれます。

アルバート・アインシュタインは、「過去から学び、今日を生き、明日に対して希望をもとう。大切なのは、何も疑問をもたなくならないことである（Learn from yesterday, live for today, hope for tomorrow. The important thing is not to stop questioning.）」と述べています。天才といわれる人も日々の知識や思考の積み上げのうえに成り立っていることがうかがえます。多くの能力の中で、一つでも二つでも大きく伸ばすことができれば特色のある人としてきらめき、明日の未来で活躍できる人となります。多様化教育のもとで、良いところは認め、ほめることによって自信を付けて次の探求心に向かうその連続が、成功体験の継続として重要だと思うのです。

現在の日本を取り巻く環境を見ると、ひとり親家庭で特に母子家庭における所得は、

平均的な生活水準と比較して著しく低い状態を差す相対的貧困率が高く54%になると言われています。同時に、社会全体で見渡すと約6人に1人が相対的貧困に陥っています。世界的に見ても食べるものや住むところが整備されている日本の中で、貧困と聞いてもピンとこない方もいるかもしれません。最近流行りのファストファッションでは、低価格で良質な洋服が手に入ります。見た目だけでは気付かないことが多いのが実情です。しかしその実態は、生活においてさまざまな制限がされ、子育てにおいても大きな負担を強いられています。

　前章で教育投資と学力・学歴と賃金の因果関係を述べました。これは社会において重要な問題であり、6分の1に入っていないから自分には関係のない問題というわけではありません。狭い日本の中で多くの人が寄り添って暮らしている中、今後の社会保障の問題や治安の問題などと多くの社会問題に直結しています。社会全体の問題と捉え、だれもが多くの学ぶ機会をつくり、貧困が貧困を呼ぶ負の連鎖を早いうちに断ち切らないといけません。

一方、教師や保育士の日々の実務は非常に多く、現実的にこれ以上の負担は難しいという現実があります。土曜日や放課後などを利用して校舎を学習の場として門戸を開いている学校もあります。社会福祉法人・ＮＰＯ・寺小屋などのボランティア施設もあります。専門性をもち合わせ、参加が可能な大人の方々は、地域活動に積極的に参加・支援することをお勧めします。

こういった教育者と保護者の協働により、子どもと大人の両方が学び合う良好な関係が生まれるのだと思っています。

幸福とサンバのお話

5年前に、AIロボット犬の開発責任者の講演会に参加をする機会がありました。その内容は、〝燃える集団をいかにしてつくるか〟という人材マネージメントの講義でしたが、そこには興味深い内容がありました。ロボット犬は、癒しであったり、仲間であったり、家族であったりと、何を突き詰めれば人に受け入れられるかを考えたそうです。

そこで幸福の話が出ました。幸福に対して人はそれぞれ違う価値観があると思います。そこには、衣・食・住の生活の基礎がしっかりあり、それに加えて「これがあると人はさらに幸福に感じる」と講演していたのが、「踊ること・唄うこと・祈ること」でした。私はその瞬間バリ島のお祭りが情景として目に浮かびました。そしてよく考えたら、かたちを変えて自分でもやっていることに気がつきました。

20歳の時に、浅草のサンバカーニバルを見にいきました。そこでパレードに参加をしている演者の姿は心の底から幸せそうに見えました。自分でもいつかはやってみたいとの思いが何年も何年も心に残り、30歳近くになって10年越しでやっと参加をすることができました。おそらくサンバと聞くと皆さんは女性が羽をつけた衣装で踊ることをイメージし、男性の姿はピンと来ないと思います。男性は、上下白色のスーツにオシャレな麦わら帽子のようなパナマ帽をかぶり、主に女性の引き立て役として踊ります。パレードコンテストでは優劣が付きますので、数百人を超える仲間とみんなで優勝するように祈って、唄って、踊って、大通りを行進しました。

幸福感は、自分の心のもちようで周りにたくさんあるように感じます。皆さんにとって、幸福とは何でしょうか?

4 21世紀型の大人の役割とAI時代の子育てとは

日本の高校生の約7割の人が、「自分がダメな人間だ」と回答しているといいます。これからの長い人生を生き、社会を席巻していく未来のホープがこのような感覚であることはとても残念なことです。謙虚であることが美徳という考え方もありますが、彼らが窮屈で自信喪失に至る原因は社会の仕組みをつくり出している大人に責任があるのかもしれません。
大学受験制度でできた偏差値型教育により、人間の200以上に及ぶ能力をわずか5〜6のモノサシで評価され、それが後の人生に大きな影響を与えることになっています。実社会での生活や仕事の現場においては「生きる力」と「多様性」が求められ、これからは入試においても総合力の判断が期待され、「学びの在り方」に変革があります。

1946年に世界保健機関(WHO)憲章草案において、ウェルビーイング(well-being)という概念が発表されました。これは、個人の権利や表現が保障され、社会的・精神的・身体的に良好であることを目標に「健康」を定義付けたものです。わが国では「人生100年の時代」といわれるようになりましたが、子どもの時期から自信喪失をさせず、未来に期待をもたせるような働きかけをしていくことも親の役割ではないでしょうか。

これからどのような時代の変化を迎えるとしても、知識や技能、思考力、判断力、表現力を基礎として、言葉、文化、時間、場所の概念を超えて主体性を重視した学習を行い、それぞれの能力や人間性が養われていくことが重要になります。

自然体験やホンモノに触れる実体験を通じて育成される豊かな感性がAI時代においてさらに大切になってくるかと思います。多くのアイデアを生み出す思考の流暢性、感性や知性に基づく独創性と対話を通じて、さらに世界を広げる創造力、苦心してものを作り上げる力、新しいものや変わっていくものに対する好奇心や探求力、実践から学び自信につなげていく力の育成の手助けが、今後の子育てに求められるところではないでしょうか。
ここで良く知られている有名な教育法についていくつかご紹介をします。

モンテッソーリ教育

欧米を中心に急速に広がった教育法です。もともとは、イタリアの医師マリア・モンテッソーリが知的障害をもつ子どもや貧困家庭に向けて始めた取り組みで、感覚教育を重要視しているものです。カラフルな積み木のような玩具や、幾何学的な形をした独特な教具がのちに開発され、これらを用いることによって五感を通じさまざまな感覚を養います。そこには同時に、知的好奇心を引き出すために自主性が重要とされ、夢中になれる子どもづくりに力を入れています。

シュタイナー教育

こちらも欧米を中心に広がった教育法です。オーストリアやドイツで活躍した哲学者のルドルフ・シュタイナーによって、ドイツの工場の従業員の子どもの学校として、自身の教育理念・哲学において始めました。まず教育自体が芸術行為であり、芸術的なものに触れることによって知識として定着するというものです。音楽に合わせて模様を描写したり、幾何学模様の作図を通じ集中力を高めたりするものです。

モンテッソーリ教育と似ていて、感覚や自由な教育法に見えますが、モンテッソーリ教育は主に環境の場を用意し、シュタイナー教育は理念から教育をするものです。

レッジョ・エミリア教育

イタリアの教師であるローリス・マラグッツィが、レッジョ・エミリア市と協力して始めた教育法です。子どもが少人数でチームとなり、自ら考えたプロジェクトを1年間などの長いサイクルで実施をしていきます。大人はそれを見守り、要所で記録して展示することで振り返りが図れ、子どもの自主性や協調性を高めていきます。また、美術担当の講師が各施設におり、アトリエが設置されていることも特徴です。

イエナプラン教育

ドイツのイエナ大学のペーター・ペーターゼン教授が実験校で始めた教育方法です。オランダで普及しており、多学年がグループとして構成され、グループリーダーと呼ばれる教員が付きます。子どもたちの個性を活かし、サークル（対話）・学習・遊び・行事（催し）のサイクルの時間割で、探求心や協調性を養う学習法です。教員も一緒になって考え学び、学校と保護者の協力関係において教育を行っていくものです。

これらの学習法において共通していえることは、個性においての主体性や協調性を育んでいくことです。

自然があれば野山を駆け回る、図書館があれば豊富な情報に触れてみる、また、家の中ではさまざまな仕組みを考えるなど、日々の生活の中には探求心の宝庫がたくさんあります。水道水はどこからやってきてどこに流れていくのか、電気でものはどうして動くのか、インターネットの世界はどうなっているのだろうなどと、自宅にいながらにして社会とつながる思考を育てることも可能です。

このような感性や思考力は、いつか自らが進みたい道を見つけたときに大きく能動的な役割を果たします。主体的に学び、自ら未来を築く力を育成し、人としての強みの柔軟性と創造性をもつことは、やがて「志」として若いうちから自立した目標をもつ人材となることかと思います。そのために、保護者ができることは、先人として一緒になって二人三脚で向き合っていくことではないでしょうか。

持続可能な開発目標（SDGs）

国際連合広報センター

2015年の9月に、国連本部にて「国連持続可能な開発サミット」が開催されました。ここでは、人間、地球及び繁栄のための計画として、17の目標と169のターゲットを定め、持続可能な開発目標（SDGs）として発表されました。地球規模で、企業や団体が積極的に参加し、社会全体でより良い社会をつくってゆくことを目標としています。

検索キーワード 「SDGs」
公式ホームページ
https://www.unic.or.jp/activities/economic_social_development/sustainable_development/2030agenda/

5 日本に生まれてきたことの魅力

世界中に高速インターネット網が発展しています。日本にいながらにして各国の情報にスマートフォンでアクセスでき、人と人とが簡単にコミュニケーションがとれる時代になりました。生産現場も日本にいながら海外と協力し、国境を越えて多くの情報のやり取りをしながら仕事をしています。

日本から海外の工業生産品・文化・サービスに目を向けたときに、その魅力や内容がどのようなものかと興味をもちますが、逆に海外から日本を見たときにも同じことがいえ、日本の良さを伝えることは今まで以上に求められています。

日本は、鉱物資源や化石燃料は乏しいですがたくさんの文化的資源があります。最近はクールジャパンとして、世界無形文化遺産となった和食や、アニメ、ゲームなどがすぐに思い付くと思いますが、ほかにも多くの技能や特徴が存在します。世界的競争力のある自動車やオートバイなどの工業製品、四季のある気候、世界有数のＧＤＰ、高い教育水準、

治安の良い安全な社会などです。さらに、伝統芸能、ファッション、歴史的建造物、日本語の緻密な表現力、お華やお茶や書などを「茶道」「華道」「書道」といったように「道」に仕立てるなどの文化ももち合わせています。また、相撲のように礼節を踏まえた文化も外国人にとても人気があり、それを学ぶために日本に留学する人も多くいます。グローバル社会の中で、これらの要素をいかに相互に伝え合い、わかり合うことが重要であるかと同時に、いかにして活かしていくかということは、互いの文化をわかり合い、アイデンティ

ティを伝えるための重要な要因であると思います。

さらに日本には、その勤勉さと突き詰める道の精神から、職人といわれる仕事がありま す。寿司職人・左官職人・酒蔵の杜氏・金属加工技術の職人など多くの専門領域が存在し ます。伝統工芸技術だけではなく、近代工業においての必要な技術者も職人として多く工 場にいます。そこには熟練工であることに加え、自分の仕事を責任とプライドをもって世 に送り出す日本の精神が存在していると感じます。結果として、より良い日本品質としても のやサービスができあがり、多くの国や地域でメイド・イン・ジャパンとして評価されています。

日本は過去より、地震・水害・火災などの多くの災害に見舞われてきました。数々の苦 境を先人の努力を借りながら克服して、今の私たちがあることは長い歴史が証明していま す。東日本大震災の際、避難所で配給を受けるために長蛇の列をつくってきちんと待つ姿 や共生の精神は、海外メディアを通じて大きく取り上げられ、譲り合う高い倫理観として 配信されました。東京オリンピック誘致の際に話題となった〝おもてなしの心〟も、日本 人としてもち合わせている誇れる文化です。

日々生活をしていると、私たち日本人自身が見過ごしがちな点も多くありますが、グロー バル化において世界に発信できるたくさんの日本文化が目の前にあります。伝える側が、 自分は何者であるかというアイデンティティを相手に伝え、理解してもらうことはとても大切なことです。

サービス・工業製品の輸出、対日投資においてもこれらは大きな魅力となり、グローバル社会においてさらなる強みであると思います。文化や国際的な立ち位置を客観的に見つめ、発信力をもって異文化とコミュニケーションを行うことは、世界的なネットワーク社会において、重要な役割を果たすことだと考えています。

AIの社会になってもこうしたその国のもつ文化を継承できるのは人の心と脳なのです。

大阪・関西万博(EXPO 2025)

2025日本万国博覧会誘致委員会事務局

2025年に、大阪のウォーターフロントの夢洲で、万博(EXPO)が開催されます。テーマ「いのち輝く未来社会のデザイン」として、「未来社会の実験場」をコンセプトに、最新のICTやAI技術にもとづいた各種出展が予定されています。超スマート社会の実現を目標として、ICTを活用して人を豊かにし、国連が掲げる持続可能な開発目標(SDGs)を目指しています。淡路島や、明石海峡大橋を背景にした美しい万博会場となる予定です。

検索キーワード 「大阪・関西万博」

公式ホームページ

https://www.expo2025.or.jp/

お店屋さんごっこからみた金融のお話

小学校低学年のころに、算数の授業で、お店屋さんごっこの時間がありました。事前に切り抜いた紙幣と硬貨を用意して、チームごとに何屋さんをやるかの相談をしました。私のグループはお花屋さんと決まり、バラやカーネーションなどの華やかな花、観葉植物のような大きめの植物を売ることにしました。そのお店屋さんの店番をしていたら、雑に厚紙を切り抜いた特徴ある硬貨が、私の手元に2度回ってきました。

当時の低学年の小学生は、お金のことを考えることが少なかったと思います。たいてい保護者がお年玉を管理し、子どもの与えられた領分は毎月のお小遣いや遠足のお菓子代ぐらいだったでしょうか。このお店屋さんごっこによって、個性的な硬貨が私の手元に2度回ってきたことで、金融の仕組みや商売を考えるきっかけができました。

私は鉢に刺す10本入りの栄養剤を急いで作成し、売れ残った観葉植物とセットにして販売を始めました。すると、不思議なことに売れ残っていた商品が加速度をつけて売れて出して、とうとう完売しました。この時、商品やサービスがコラボレイトすることによって、新サービスをつくることができることも直感しました。

お金のサービスは日々進化します。スマートフォンで簡単な支払い決済ができたり、仮想通貨を売買したり、世界中の投資信託を簡単に購入できる上、小規模な事業でもクラウドファンディングを利用して出資を募ることができるようになりました。

現代の日本は、客観的に見ればGDP世界3位であり、通貨として米ドル・ユーロに並び日本円は主要通貨として君臨しています。コンビニエンスストアや交通機関でいつも意識せず円にて支払い、海外に行けばカードでの決済が多いので気付きづらいですが、円の力は意識すべき点であると思います。

ファイナンス（Finance）とテクノロジー（Technology）を合わせたフィンテクは、まさに日本のお家芸であり、これからはお金のこともタブー視せずに、早いタイミングから子どもや学生に対してしっかりと教えていく必要のある分野であると考えています。私が初めて銀行以外の金融機関に行ったのは14歳の時でした。なけなしのお年玉で投資信託を証券会社で購入するためでした。買ったのは小型株オープンという、成長企業に投資をするリスク型の商品で、それからは特に新聞を読むようになりました。当時は、あまり商品のバラエティーはありませんでしたが、今では簡単に子どものために積み立てができる商品が多彩にあります。

子どもに「お年玉をあげるから、増やしてから使いなさい」と課題を与えたら、いったいどのように動くでしょうか？

6 わが子の2045年（シンギュラリティ）でのAIとの対決は！

シンギュラリティという言葉があります。アメリカの実業家であり、人工知能研究の権威、未来学者であるレイ・カーツワイル氏は、自身の著書「ポスト・ヒューマン誕生　コンピューターが人類の知性を越えるとき」で、ネットワーク化されたAIが、人類の英知を超えるときを技術的特異点（technological singularity／テクノロジカル・シンギュラリティ）と表現しています。今生まれたばかりの子であれば20歳代、今小学生であれば30歳代までには、コンピューターが人間の知性を超え、社会に大きな影響をもたらすと書いています。AIは、半導体の処理速度とともに日々進化し、ディープラーニングしています。この本で2045年といわれているシンギュラリティの到来は、加速化されて前倒しされる可能性もあります。

この時代に向けて産業構造にも大きな変革が起きると予想されています。それは、人工知能（AI）と人間との付き合い方です。単純労働は人工知能やロボットに代わられ、多くの仕事が奪われる可能性があります。例えば、現在実証実験が行われている自動運

転車は開発が進みドライバーが必要ない自動車が増える、掃除や洗濯などの家事はロボットが行い、工場内ではより今以上に機械（ロボット）が働きます。現在ある職種の半分以上はなくなったり新しいサービスに置き換わったり縮小されたりするといわれ、将来の人間の働き方も大きく変わるでしょう。スピード感のある変化の時代になっていくことかと思います。

各界の世界有数のリーダーが集まり協議をする、世界経済フォーラムの年次総会（通称：ダボス会議）においても重要な懸念事項として協議されました。映画「ターミネーター」や「マトリックス」では、AI対人間のような構図で戦っている世界が描かれますが、現実的にはAIを使いこなせる企業や人材と、そうでない人との間の格差拡大が問題になるのではないかと思います。

ＡＩが人間の能力を超えていき、ＡＩによって人間が翻弄されるという心配はありますが、一方で本来ＡＩは情報のアルゴリズム（処理手順）であり、ビッグデータなどの統計データの土台となっている情報は一人ひとりの人間の行動によるものです。チェスやオセロなどのルールがあるものに対しては強いですが、人間らしさを求められる分野に対しては、ＡＩがそうそう勝るとは思えません。ただ、単純性があり機械に置き換えることによって生産性が上がる部門は、ＡＩやロボットなどの仕組みに大きくシフトすると思います。

日本も高度成長期の重厚長大型の産業が主役の時代には、画一的で均一的な学びの先に、勤勉性と正確性と〝右にならえ〟的な働き方で、産業を発展させてきました。そこには作家、司馬遼太郎が描いた「坂の上の雲」に描かれたような努力のもとで欧米諸国に負けない近代国家になるために産業を興し発展させ、近年で言えばテクノロジーでも優位に立ち日々の私生活も豊かになるという目標が明確にありました。

現在の日本における産業構造は、サービス産業（広義）が６割以上を占め、企業は新しいニーズの開発に切磋琢磨しています。そのような時代において、これからの人材育成に大切なのは、課題発見能力とその解決力、リーダーシップ、そして、「志」だと思います。世界中の上場企業の株価に基づく時価総額を見てみると、すでにアメリカの

イノベーションのスイッチを押すのは人間

AI産業が並んでいます。

1位　マイクロソフト
2位　アップル
3位　アマゾン・ドット・コム
4位　グーグル（上場名アルファベット）
5位　バークシャー・ハサウェイ（機関投資家ウォーレン・バフェット氏の投資会社）

（2019年3月末時点）

皆さまにもおなじみの企業が多いと思います。今後の成長への期待感も含めて株価に表れています。

エクサバイト学習法でシンギュラリティ時代を克つ

今後、大きな変化が予測されている社会において変革に適用し、輝いていくためには、学びの役割が大きなウエイトを占めています。

今まで本書でお話ししたポイントをまとめます。

STEAM（スティーム）教育
自ら課題を見つけ出し、それを解決していく能力の開発
- 文章や情報を正確に読み解き、対話する力
- 科学的に思考・吟味し活用する力
- 価値を見つけ出す感性と力

EdTech（エドテック）
コンピューターや情報通信技術を通じ、豊富なコンテンツや仕組みによりだれもが段階に応じて理解ができる学びのシステム

非認知スキル
IQや学力といった認知能力だけでなく、

根気強さや注意深さ、意欲、自信といった力を向上させ、意欲や成功体験に基づき自信がもてる学習

これらは自分一人でなせるものではなく、教育でなされるものです。

これらを1つのパッケージにした学習が「エクサバイト学習法」です。エクサバイトの語源は、情報処理の単位であり1TB（テラバイト）の100万倍に相当し、人間の脳の処理能力に匹敵すると言われる情報の単位です。エクサバイト学習は、〝教え込む教育〞ではなく、〝能力を引き出し高める啓育《けいいく》〞（Education）の概念をもった手法です。

この学習法を式で表現すると、このようになります。

エクサバイト学習法 ＝ ＳＴＥＡＭ教育 ＋ ＥｄＴｅｃｈ ＋ 非認知スキルの向上

1章で人の脳について述べましたが、育脳に必要な要素がエクサバイト学習に取り入れられています。

これからの時代は、ＡＩを活用し、人と人とが高め合いイノベーションを起し、自ら物やサービスを創り出す時代となると考えています。今後の世界でも人間にしかできな

いことが数多くあります。高度な判断能力が必要なこと、発想を必要とすること、美しい・心地良いといった感受性に由来することなど、人間に求められた領域がたくさんあると思います。ＡＩを補助的なツールとして活用し、新しい社会を切り開いていけるのが、このエクサバイト学習です。

エクサバイト学習を活用し、シンギュラリティの時代を楽しみな時代として迎えていければと思います。

７　ＡＩに倫理観を与え共生する

前の項でＡＩはアルゴリズム（処理手順）というお話をしました。日々生活をするうえでの、なにげない細かなデータが蓄積されています。ＰＯＳレジスタのお話も前に挙げましたが、「いつ、どこで、だれ（何歳代・男女等）が、何を購入したか」といったデータが、ネットワークを通じてサーバー機器に送られます。それが人工知能（ＡＩ）をもったシステムによって高速に計算され、統計的な一定のルールを見出し、その計算結果に基づいて次の販売（量や方法）を計算により予測していきます。現在このような個人のデータを圧倒的に集め活用することができる企業として、グーグル（Google）・アップル社（Apple）・フェイスブック（Facebook）・アマゾン（Amazon）が挙げられます。これらの企業は頭文字を略してＧＡＦＡと呼ばれますが、前項でご案内をした株価の時価総額ランキングとかなり近い社名であることにお気付きでしょうか。

ところで、ＡＩがアルゴリズムであるならば、そこに目的や倫理観を与えるのは人間が行うことになります。ＰＩＳＡ（ピサ）という、ＯＥＣＤを中心とした国際各国で協力して行っている15歳児を対象とした学力調査（＊6）では、日本は非常に高い水準を維持しています。２０１５年の調査では、さまざまな項目で日本はＯＥＣＤ加盟国中1位、2位をマークしています。コンピューターに代替されない個性や多様性と新しい学びがあれば、ＡＩを使いこなせる人材がこれからたくさん生まれていくと期待しています。

現在の日本の社会では、社会保障などにおいて支える人の数より支えられる人の数の方が多い、人口オーナス期といわれる時期に移行しています。そこでは現役世代の働き手が不足する事態も生じています。景気動向に加え、働き手世代の不足により大手企業の有効求人倍率は上がっていますが、中小企業の求人率はさらに急激に上がっています。

都心部のコンビニエンスストアの店員に昼夜問わず外国からの留学生を多く見かけるようになりました。これだけの外国の方々が、多くの選択肢の中から日本を選び、学びや社会生活をしているということは、日本が魅力的な社会であることの評価であると私は感じています。そこには、日本という風土が多様性を受け入れ、自分のものとして取り込むという長年培ってきた伝統や精神が、大きく役立っているのではないでしょうか。

人でなければできないこととして、ＡＩに目的や倫理観を与えるということがあります。日本でも今までは主にアメリカ型の資本主義の概念が幅を利かせてきました。会社は資本を主に株式によって調達しますので、株主のために企業利益を最大化し株主に還元することは理屈上順当なことです。また、会社が大きく発展すればアメリカンドリームも達成できるのです。しかし、同時に貧富の差が開きやすく、企業利益が優先しやすい仕組みでもあります。私利私欲ではなく社会に貢献すれば、いずれは自らに還元されるという報徳の考え方があります。一部企業ではＣＳＲ活動として社会貢献活動への取り組みを入れることもありますが、仕組みの是正というより、主に収益の一定を社会貢献活動に還元するものが多くなっています。資本主義の本家本元のアメリカにおいても、今後もこのような社会が良いのか、それとも国別幸福度ランキングで上位を占める北欧を中心とした高福祉高負担型の社会にしていくのが良いのかと大きな議論があります。

今後AI化が進むにつれて、アルゴリズムが単純に社会の最適化を進めるならば、情報リテラシーや教育の差によって、日々の生活スタイルや習慣において人は分類され、AIの活動により新たなる貧富の格差や社会不安を助長することが心配されます。

これに対して私は、AIが本格化する前の今こそ新しい仕組みを考える大きなチャンスの時期であると考えています。例えば、近江商人の、「売り手良し・買い手良し・世間良し」の「三方良し」という言葉があります。これをAIで考えるとどうなるでしょうか。AIの仕組みはあくまでアルゴリズムですので、この三つの要素を取り込めば、売り手・買い手に加え、世間を加えた概念に基づく答えを導くことは可能です。

消費者側のITへの関わり方も変わってきました。ネットショッピングで物を買ったときに評価コメントを記載したり、インターネット百科事典に知識を書き込んだり、アンケートや開発に協力したりしています。クラウドファンディングでは、世の中のためになるものを作り出そうと、個人が協力することが容易にできるようになりました。そのように、インターネットの世界には、精神的に満たされるようなボランタリー経済がたくさん入り込んでいます。ドイツの哲学者ヘーゲルは、「事物の螺旋《らせん》的発展」として、らせん階段をぐるぐると上るのと似たように、原点にもどっては、さらにブラッシュアップされて進化をしていくとしています。私たち自身が、AI時代をどのような社会に創りあげていくかを考えるにあたり、とても良い時期にさしかかっているのだと思います。

さらに、提供側と受手側の「姿勢」を考えるにあたって、「おもてなし」と「ありがとう」という感性が、私はとても素敵であると思います。昔はよく〝お互いさま〟などといわれていました。社会活動は、さまざまな現場がうまくめぐりながらつながって、大きな共同体として成り立っています。提供側は、最大限の〝おもてなし〟の心で活動し、受手側は〝ありがとう〟と感謝の心で受け取れば、日々の生活からも充実感のある社会に向かっていくと思います。

新しい未来を創っていくのは、私たち全員です。未来の人材育成のために、子どもに加え、保護者の方、教育現場の方、その他多くの方が参加し、社会全体が一丸となることで、必ず輝いた未来をつくっていけると思います。

1章では人の脳の仕組みや作用についてのお話がありました。2章、3章では、AIのしくみと社会科学的な目で未来を見つめてきました。だれにとってもチャンス・可能性がある社会を実現し、エクサバイト学習法も活用して、未来に向けて一人でも多くの方が幸せを感じられる社会とすることが本著の目的です。

（＊6）「生徒の学習到達度調査」（PISA〈ピザ〉：Programme for International Student Assessment）はOECD（経済協力開発機構）が2000年から3年ごとにその加盟国及び非加盟国・地域の参加を得て世界的に実施している15歳児を対象とする学習到達度調査。（国立教育政策研究所　平成29（2017）年11月報告書より）

WHO憲章 well-being（ウェルビーイング）

WHO (世界保健機関) ―英語サイト―

WHO（世界保健機関）は、その憲章の前文で"Health is a dynamic state of complete physical, mental, spiritual and social well-being and not merely the absence of disease or infirmity."とうたっています。「健康」の確保において生きている意味・生きがいなどの追求が重要との立場から、「健康」の定義を「肉体的（physical）、精神的（mental）、Spiritual及び社会的（social）福祉のDynamicな状態であり、単に疾病または病弱の存在しないことではないとしています。（H11/3/19厚生省大臣官房国際課HP参考）国連の行った国別の幸福度ランキングでは、例年北欧の国々が上位を占め、日本は50位付近とOECD加盟国において低い順位にあります。北欧諸国においては高福祉・高負担で知られますが、そのほかにお互いに多様性を認めた文化が基礎にありそうです。

検索キーワード 「WHO」
公式ホームページ https://www.who.int/

徹底対談

志を確かに、
世界へ
羽ばたけ

ここまで、脳のこと、AIのこと、教育のことについて書いてきました。それでは、新しい時代を生きていく上で役立つエクサバイト学習法についてて実際にこれらのことを皆さんのお子さんの今、あるいはお子さんの未来にどうすればつなげていけるかを考えてみます。

大河原　秋山先生の第1章を読ませていただきましたが、脳に対する説明の仕方がやさしく、わかりやすかったです。肩こりや腰痛、血圧など、雑誌やテレビでよく取り上げられている部分ですと皆さん比較的イメージが付きやすいかと思いますが、脳の仕組みについて改めて考える機会は少ないと思いますので、とてもよかったと思います。

秋山　ありがとうございます。脳は、私の専門分野ですし、一人でも多くの方に脳のことを知っていただいて、今後の人生のお役に立てれば嬉しいです。今回は、主に子どもの脳や発育に関わることを書かせていただきましたが、これらは大人にも共通するところが多いんです。

大河原　人生100年時代などといわれていますので、ご高齢の親がいらっしゃる方々は、いろいろ心配もありますね。

秋山　認知症の原因病患として有名なアルツハイマー病は、昔はほとんど見られないものでした。人間の寿命は50歳くらいでしたので、この病気になる前に寿命を迎えていたんですね。長生きの方が増えると、アルツハイマー病の方も増えていきます。それにどのように対応していくかも、今後問題になってくると思います。

大河原　今回、脳が人を動かしているんだなと、つくづく感じました。

秋山　人間は、学び続けることで新たな神経回路ができます。いくつになっても、その解決法は「学びの力」だと思っています。歳を重ねることで忘れることもありますが、新たな知識の獲得も可能です。いくつになってもニューロンの再生を目指して、学び続けることは大切だと思います。

大河原　認知症の方でも、一からピアノを習って、発表会をするまでに上達することがあるそうですね。絵心がなかった方でも個展を開くくらい上手に絵を描けるようになったという話も聞いたこともあります。そうした新しい力を発揮できるのは第1章で説明のあったニューロンのネットワークが新たにつくられるからなんですね。

秋山　人間は、ほかの動物と違って大脳が発達していますから、何歳になっても新たな学びを得ることで神経回路が形成されます。これから来る20年先のシンギュラリティ時代に向けて、活発に使う脳の部分が変わってくるかもしれませんね。単純計算などのような計算脳はあまり使われなくなるかもしれません。新しいものを創造するクリエイティブな領域は、今後はより活発に活動する可能性もあると思います。

大河原　脳が若ければ100歳になっても輝ける世界になるんじゃないかと思います。これはとても前向きになれる話です。重労働をＡＩやロボットがやってくれて、代わりにそれをコントロールする側の役割りや、クリエイティブな要素を生み出すことは、これからも人間にしかきっとできませんからね。

秋山　人間の能力の領域は、まだまだ大きな可能性があると思います。1章でも解説しましたが、コンピューターに似た部分もありますし、独自の機能もあります。これからその機能を伸ばしていけば、まだまだ大きな可能性があります。最近ではすでに画像診断技術でＡＩが医療現場に入ってきていますので、人とＡＩが協力し合って、未知の部分もたくさん解明されていくと思います。

大河原　東京大学名誉教授・上野千鶴子氏の平成31年度入学式での祝辞では、その最後の部分で、とても楽しみな話がありました。「大学で学ぶ価値とは、すでにある知を身に付けることではなく、これまでだれも見たことのない知を生み出すための知を身に付けることだと、わたしは確信しています。知を生み出す知を、メタ知識といいます。そのメタ知識を学生に身に付けてもらうことこそが、大学の使命です。ようこそ、東京大学へ」という言葉です。

秋山　聞いたことがあります。ワイドショーなどで取り上げられていましたね。このメタ知識を付けることこそ、本当に大切なことだと実感しています。

大河原　さすがは日本で最高峰の大学の祝辞だと思います。新しい英知をどのようにして生み出すか。東京大学は研究所で最先端の研究を行っていますし、素晴らしいシンクタンクですね。

秋山　東京大学病院をはじめ多くの病院では、最先端の取り組みをたくさんやっています。日本、いや世界をけん引していく存在と言っても過言ではないですね。私も、天才だなと思う人がたくさんいることを知っています。

大河原　素晴らしいことですね。世界大学ランキングというものがありますが、評価基準の一部に英語での論文発行の本数が関わっていると聞いたことがあります。実態とすれば、日本のランキングは結構上位なのかもしれませんね。さきほど〝天才〟という言葉を使っていましたが、脳を専門に診ているお医者さんの立場から、天才というのはどういうことだと思われますか？

秋山　医師の立場からではないですが、天才って秀才からは越えられない大きな壁をもっていると思います。どんな努力をしても乗り越えられない圧倒的な凄さがある。それを天才脳というのかなと思います。

大河原　医学的に天才脳というのは、存在するのですか？

秋山　どうでしょう？　天才脳ということから定義しないといけませんね。ただ、たまにサスペンスドラマの推理がやけに得意な子どもや、電車の駅名をすべて記憶している子がいますよね。本人の知的能力と比べて驚異的な記憶力や高い計算技能などの、突出した能力をもっている子どもが実際にいます。でも、そこに関してもなぜそのような能力が出るのかはわかっていないんです。また、コミュニケーション能力に偏りが見られるアスペルガー症候群があります。天才といわれたトーマス・エジソンやアルバート・アインシュタインもアスペルガー症候群だったのではないかという説があります。

大河原　驚異的に秀でた才能に人間の脳の不思議や奥深さを感じます。ただエジソンは、「天才とは、1％のひらめきと、99％の努力である」と言っています。天才といわれる人も、努力のもとに成り立っているということですね。

秋山　努力は決して怠るべきではないと、私も考えます。

大河原　ハーバード大学を出た若い方のお話を聞いたことがあります。ハーバード大学では、1000人いたら1000の学びと探索があると聞きました。日本の大学は、比較的同じ講義を聞きながら単位数を修得していきますが、ハーバード大学では1000人がそれぞれの専門性の高い別々の研究をしているので、自分の問題解決をするためにこの部分はAさんに聞いてみよう、あの部分はBさんに聞いてみようとなるそうです。お互いにもっている専門性をぶつけ合うことで新たなイノベーションが起こる。これがハーバード大学の強みだと言っていました。

秋山　私たち医師の立場からしますと、各科のスペシャリストがそろう総合的な病院のようですね。興味をもった人それぞれに違う学びができる環境を提供してくれる教育機関は、本当に魅力的な学校です。

大河原　この話を聞いて、仮想通貨で有名になったブロックチェーンの仕組みによく似ているなと感じました。ブロックチェーンは、仮想通貨の管理用サーバーの新しい仕組みとして知れわたりましたが、わかりやすく言うと次のようなことだと思います。今までの預金残高などの重要な情報は1か所の大きなサーバーを参照していました。これが新しい仕組みでは、多数のそこまで大きくないサーバー同士が声を掛け合って、どの情報が新しいのか、どの情報が信頼性の高い情報なのかを連絡し合って結論付けています。

秋山　なかなか面白い発想ですね。そのサーバーが人に例えられるということですね。

大河原　アメーバのように人と人とが交流し、より良い情報を確かめ合い、それを組み合わせてさらに良い情報として形成するイメージですね。聖徳太子の言葉に「和を以て貴しと為す」とありますが、人がもちよった知識や考えをぶつけ合い、その結果を大切にしていくべきという考え方は昔からありますね。

秋山　私たち医師にはいろいろ研究するために、いくつもの学会があって、年に何度も学会の講義を聞きにいって常に自分の情報を最新のものにアップデートしています。私もいくつか専門医という資格を取りましたが、それらの認定や維持をしていくには学会参加が条件でもあるんです。

大河原　日ごろから素晴らしいですね。先ほど、東京大学の祝辞がワイドショーなどで取り上げられたとお話がありましたが、あれは祝辞の中で女性差別問題が大きく取り上げられたからでしたね。女性で脳の専門医というとまだまだ少ないというイメージですが、ご苦労されたんじゃないですか？

秋山　今まで外科の領域は男性社会でしたし、患者さんに「女で大丈夫なのか」と言われることもありました。今でこそ「女の先生でよかった」と言ってくださる患者さんは増えましたけど、自分に自信をもてないころはとても辛かったです。だから私は、他人を表面的に見て羨やましいと思うことはせず、その人の人となりを聞き、その苦労を買ってでもしたいと思ってから初めて羨やましいと思うことにしています。隣の芝生は青く見えますからね。しっかりとした努力の積み重ねこそが大切だと心から感じています。

大河原 秋山先生のように、女性の専門家がもっともっと社会に増えたらいいなと本当に思うんです。子育てして、家事をして、そのうえさらに仕事までということではなくて、今の時代はＩＴやＡＩなどのツールがあるわけですし、働き方も多様になってきていますので社会全体で解決できる時期にきているのではないかと思うんです。毎年、世界幸福度ランキングが発表されますが、北欧諸国が上位を占めています。これらは女性がとても社会進出をしている地域です。学べるところも多いんじゃないかなと思います。

秋山 北欧は家族をとても大切にして、仕事からも早く帰ってくるそうですし、生活のレベルも比較的安定していますね。価値観のバランスが良いのではないでしょうか。

大河原 私の職業は経営者ですのでよく思うのですが、定時の中で仕事をこなせる環境を作り、それでいてしっかりと報酬を支払うことは経営者やマネージャーの務めだと思うんです。良い仕事をしてもらって早く帰って余暇を楽しむ生活にしないと、会社だって人材だって伸びないと思うんですね。どうしても日本では、残業をしたり汗をかいたりしているように見せることが素晴らしいという古い価値観が先行している企業が多いように感じます。

秋山 私たち医師も、労働時間はとても長いです。人によっては勤め先の病院に何日も泊まり込みで患者さんを診ている方もいます。少し特殊な働き方をしている業種かもしれません。

大河原　早く帰ることができれば、パートナーの家事を分担したり、子育ても一緒にやってコミュニケーションもとれるでしょうし、介護が必要な方と暮らしていればそのお手伝いもできると思います。今の日本では、子育てなどで一度会社を離れてしまうとなかなか今までの待遇では仕事がない。それでは社会として、もったいないと思うんです。何ごとも男性だから女性だからということではなく、一緒に取り組む意識改革が必要だと思いますし、大学まで出た高学歴の人材が社会で活躍していないことが多々あります。まさしく女性は人材の宝庫だと思いますし、本当にもったいない環境です。男性が育児に参画した方が、出生率も高くなるという国内のデータもあります。パートナーに安心感と、心のゆとりが生まれるのかと思います。男性側の働き方も考えないといけませんね。

秋山　子どもの手が離れるまでは、家事や子育ては本当に大変だと思います。それでいてさらに仕事となると本当に大変です。最近は働き方改革などともいわれていますので、社会全体で大きなうねりをつくっていきたいですね。女性だけではなく、男性も大河原さんのように声を上げて、社会を変えていく必要があると思います。

大河原　特に深刻なのが、母子家庭の相対的貧困率の高さです。あまり高くない時給なのか、朝から晩まで一生懸命お母さんが働いているのになかなか収入がない。人によっては、パートをいくつも組み合わせて頑張っているのに。その上、体を壊して休めば収入の保証もなくなってしまうわけです。また、第3章で書きましたが、所得水準に学力は影響するというデータがありますので、そうした家庭の子どもも収入が低くなる可能性が高く、貧困が連鎖していきがちです。そのような負の連鎖は、何としても食い止めなくてはなりません。うちの家庭は関係ない話だと思っても、社会全体としてつながっていきますので、防犯や社会保障費の問題などと共に、自身のこととして社会全体で考える必要があると思うんです。

秋山　世界保健機関の健康に対する概念で、ウェルビーイング（Well-Being）というものがありますね。ポジティブ心理学にも通じるものだと思いますが、身体だけが健康でも脳が幸せと感じていなかったら、本当に健康ではないと思うんです。昔からことわざで「病は気から」といいます。過度のストレスがあったりすると免疫力も落ちますし、そもそも幸せではないですよね。

大河原　私の立場から考えますと、単位時間当たりの労働成果を上げ、早い時間で仕事を終わらせても、その成果がきちんと出て、給与もしっかり支払われて、そこから税金なり社会保障費を払っても、それなりにやっていける循環型の社会をみんなで手を取り合って作っていきたいと思っています。声を掛け合っていける社会にすることが日本の繁栄にもつながりますし、仕事を通じて世界に役立つことだと感じています。

いつか自分も個性を活かす仕事がしたい

秋山　大河原さんは20代でＩＴ会社を起業されましたが、強い意志がなければ難しいことだと思います。幼少期はどのようなお子さんだったのですか？

大河原　わが家は、親戚一同公務員ばかりの家庭でしたので、小さいころは何となく自分もそのような道にいくのかなと思っていました。高度成長期・バブル期という時代背景もあって、私が通っていた幼稚園や小学校には地域柄なのか中小企業を営んでいたり工場を営んでいたりしている家庭の友だちが多くいました。父は役所勤めのとても固いイメージでしたので、周りが何だかとても華やいでいて魅力的な世界に見えました。いつか自分でも、自分色を出せる仕事がしたいなという思いはそのころに生まれたのかもしれません。親戚に区役所勤めから叩き上げで特別区の区長になった伯父がいたこともありまして、法律をつくる側の仕事に興味をもったのが中学生の時でした。弁護士になって、自分の事務所をもって独立したいという夢がありましたが、大学時代に出会ったＩＴの仕事に興味をもったことが大きな転機となりました。

秋山　そうだったんですね。コンピューターが急速に身近なものになったのが２０００年近くですが、起業することに怖さや不安はなかったのですか？

大河原　当然ありました。それでも一歩踏み出せたのは、小さいころからの夢や目標があったからだと思います。私たちが就職をするころは、バブルが崩壊していていわゆる就職氷河期でした。今思い返しても相当冷え込んでいた時期だったと思います。とにかく大手企業など、安定した会社に何とか採用されようと必死でした。当時の「結婚したい職業ランキング1位」は公務員でしたからね。そんな状況で安定を求めて生きるのはとても重要なことだと思いますが、こんな世の中でも人生一度きりだから、捨て身でチャンスや可能性に掛けてみたいと思ったんです。

秋山　すばらしいです。夢や目標があったのならなおさらですね。それはとても重要な転換期だったんでしょうね。

大河原　大手の電機メーカーで働き始めましたが、自分の将来の姿に限界を感じてしまいました。基礎研究に基づいた、最先端のテクノロジーと生産設備を整えた巨大企業でしたので、目的が自分に合えば自己実現ができる環境だったかと思います。ただ自分には、思い描いていた未来像がありましたので、それをつくり出してみたいと思ったんです。

秋山　まさしく歩み出したのですね！　自分の道を突き進む根源となる力は親が与えるものでもなく、教育方法だけでもないですよね。私も過去の経験から自分の意志を強くもつことで、未来を切り開いていけるのだと思っています。

大河原　自分にはこの道しかない、だからやるしかない。そう思えることが前に踏み出す力となっていきました。

脳外科医に絶対になりたい！　志が生まれた瞬間

秋山　私の場合は、両親がとても教育熱心だったんです。今思うと、本当に感謝することばかりです。小学校受験をしたといっても強制的に受験勉強をさせられたという感覚はなく、見学に行った時、広々とした校庭を見て「この学校に入って早く遊びたい！」と思ったので、特につらい思い出はないんですよね。小学校に入ってからは本当に楽しかった。国立の実験校のような学校でしたから教科書を使わずに行う授業など、自分のやりたいことがのびのびとできる環境で育ちました。ただ小学校から高校まではエスカレーター式で上がれるわけではなく、中学受験・高校受験とその都度あって、とても疲れましたね。高校まで残れる人は少ししかいないんです。中学以降の受験のストレスは、思い返してもかなり大きかったと思います。

大河原　お医者さんになれたということは、とても優秀な学生時代だったんじゃないですか？

秋山　ところが、まったくそんなことはなかったんです（笑）。勉強がつらすぎて、高校に入った途端に勉強するのをやめてしまったんです。何のために勉強しているのだろう、何のために生きているんだろうと。いわゆる反抗期だったのかもしれないですが、学校はサボるし、流行りの格好をして街に繰り出しては楽しんでいました。親が敷いてくれたレールに乗っかって生きてきたけれど、将来の夢も生きる目標ももっていなかった自分に気付いたんです。

大河原　私も秋山先生と世代が近いので、その気持ちはよくわかります。この時期は勉強だけじゃなくて、少しくらいハメを外したくらいの方が健康的かもしれませんね。

秋山　でも、そんな時期が3年間も続いてしまいましたので、先生に「この成績ではどこの大学も受かりません」と言われました。そんなころに、医師を目指している友だちがいたので、「どうして医者になりたいの？」と聞いてみたんです。そうしたら、その友だちが医者とはどんな職業なのか、勉強をちゃんとすることはどんなに素晴らしいことなのかをとくとくと説明してくれたんです。当時、単純な私は「なるほど、そういうことか。だったら私も医者になる！」と一念発起しました。医学部を目指すことを決意したんです。

大河原　そう思ってもそう簡単なものではないですよね。相当なご苦労をされたんじゃないですか。

秋山　それが高校3年生の秋のことですから、もちろんどこの大学にも受かるわけがありません。浪人してやっと入れたのが薬学部でした。その時は「もうこれ以上は無理！」というくらいに必死で勉強したので入学できましたが、通ってみると薬学部は化学や分析学も多い世界なんですね。「やはり私は医者になりたい！」と、もう一度医学部を目指すことにしたんです。

大河原　私と同じように、やはりこの道しかないと思ったんですね。

秋山　薬学部の学生時代には「絶対に医者になる」という志が芽生えていましたからね。でも親からすればとんでもない娘です。もう一度医学部を受けたいと話した時もさすがに「ふざけるな」と言われました。いくらなんでもそりゃそうです。好き放題やり過ぎですから。しかし、親を頼るしかないものですから、薬学部でトップの成績を取ることを条件に、許可をしてもらいました。

大河原　とにかく勉強漬けの時期だったんですね。

秋山　必死で勉強して、結果的に良い結果を出せました。奇跡的に医学部に受かった時は本当に嬉しかったです。浪人生時代の苦労を思い返すと、高校時代に努力することと、勉強することの大切さが本当に身にしみます。でも、なぜ勉強するのか、何のために努力するのか、そのことが自分の中で腑《ふ》に落ちないと、力は湧き起こらない。勉強は自分がやりたいことを叶えるための手段だと感じました。あとは、根性です（笑）。

挫折を乗り越え、自分の力で新たなイノベーションを起こす

大河原　振り返ると、学生時代や若い時にした苦労や経験は、大人になってから本当に重要なものになります。挫折をどう乗り越えるか、これも本書で伝えたかったことの一つです。私は、会社を始めたばかりの時期に大きな事故に巻き込まれてしまいました。創業時のなけなしの資本金が３００万円でしたので、その額を遥かに大きく上回る大損害を受けました。まさに会社存亡の危機であり、人生最大の危機でした。せっかく一緒に事業を始めたスタッフも全員手放すことになって、とてつもなく大きく感じる負債となり、これからどう乗り切るかを本気で毎晩考えていました。

秋山　それは大変な苦労でしたね。想像するだけで恐ろしい……。会社を10年間続けら

れる可能性は、ほんの数パーセントと聞いたことがありますので、皆さんご苦労があるんでしょうね。

大河原　あんな思いは二度と嫌ですね。とにかくお金はないわけですから、自分の知識や行動だけで前に進む方法を考えました。私は以前から、感謝されるサービスを世に送りたいという思いがありましたので、その中で少額資本でもできるものを考えていました。当時のコンピューター会社は数も限られていましたし、コンピューターの調子が悪くなったとしても、自分たちが収めたものしかメンテナンスをしないというのが通例でしたので、逆手に取ってどこで買ってきたコンピューターでも面倒をみますというメンテナンス業を始めようと思いました。ただ、特別に高い技術が必要ですから、内外から忠告もありました。

秋山　病院で電子カルテなどのいくつかのシステムを使っていると、パソコンは機械なので調子が悪くなるのは当然と思っていても、実際にシステムが止まったら本当に大変です。

大河原　どの会社でも、使っているシステムが使えなくなったら大変だと思うんですよね。そこで、業界の先駆けとしてコンピューターのメーカーを超えた修理業務を開始しました。どこのメーカー製でもＯＳはマイクロソフト社のものが多く、機器も統一規格なので部品が壊れても供給が効きます。直せればその場で売り上げを回収できますので、人件費も部材費もペイできました。そして、何よりも〝ありがとう〟という感謝の言葉を現場からいただけます。とてもやりがいのあるサービスとして展開を進めていきました。

秋山 その時の生みの苦しみがなかったら、今はこの仕事をやっていなかったかもしれないですね。

大河原 その通りですね。この保守サービスは次第に単発から年間契約での受注に進展し、多くの会社と契約をすることになりました。契約ごとですので、年間の売上高も見通しがつきやすくなりますし、それによって働き手の給与の見込みも安定し、お客様へのサービスの向上にもつながります。売り手良し、買い手良し、世間良しといった「三方良し」となりました。

秋山 ああ、よかった。ご苦労や少し遠回りをした部分もありますが、結果として良い方向にいったということですね。聞いている途中でハラハラしました。

大河原 あの時のピンチを乗り越えチャンスに変えてきた経験を振り返ると、学びの力、生きる力の大切さを実感します。新たなる逆境に立ち向かって、新しいイノベーションを起こし、次なる起爆剤として生きる力は、これからはもっと重要になっていくのではないかと思っています。

秋山 自分の知識と経験でピンチを乗り越える。その力は子どもたち世代にもぜひ身に付けてほしいです。私自身もこれまでも大小含め多くの挫折があって、脳外科医になってからも苦労の連続でした。私の天然で明るく見えるキャラクターのせいなのか、恵まれた環境で何にも苦労せずに医者になったと思われていますが、苦労して苦労してやっと今の自分がいるわけで、そのギャップに悩むことも多いんです。

大河原　確かに、秋山先生は明るいですからね。お医者さんになってからもいろいろとあるんでしょうね。私は、親が与えてくれた環境にも感謝しています。親も学校も自由を与えてくれました。一方的に与えられるのではなく、常に自分で問題提起してそれを解決するスタンスを身に付けさせてくれました。幼少期に得た、より良い環境を主体的につくり出す力が今にもつながっていると感じています。

秋山　そうですね。私は、学校の先生をずっと同じ目線だと思ってきました。それは、先生が子どもを一人の人間として尊重してくれて、対等に扱ってくれたからだと思います。親に本当に感謝をしていることは、自分がやりたいと思った時に、どんなものにでもなれる環境を整えてくれていたことですね。私はたまたま医者になりましたが、それが画家だったとしても、音楽家だったとしても、なろうと思えばなれるだけの選択肢を与えてくれただろうと思います。こんな跳ねっ返りの娘ですが、愛情をもってサポートしてくれたことに感謝すると共に、自分の子どもにも同じような環境を与えたいと思います。

シンギュラリティを迎える前に

秋山 2章、3章と読ませていただき、今まで生きてきた30年で受けてきた教育と、これからの30年後の教育はまったく違うものになっているのだろうと改めて感じました。大河原さんの文章を読んで、今までの教育を踏襲していこうなんてことは間違いだった、それを感じました。特に驚いたのは今ある職業の大半が変わるということです。今の私たちにはない特殊な能力が必要とされるのか、どう生きていけばいいのか、すこし怖さも感じました。大河原さんはいかがですか？

大河原 実業家でＡＩ研究の世界的権威であるレイ・カーツワイル氏がシンギュラリティについて書いた本を読んだ時は、なるほどという思いでした。単純労働の大半は機械の役割となる。その先が人類のユートピアであればいいのですが、ディストピアになる可能性もあります。みんなが幸福になれればよいですが、例えば単純労働しかできない人は、結果として社会保障に頼るかもしれない。稼いでいる人がその人たちを支えていくかもしれない。今まで以上に格差が広がり、治安の悪化などの負の連鎖が起きるかもしれない。そういう社会にはまだ時間があるわけですから、ならないように努力をしなければいけません。

秋山 日本の高校生に聞いたところ、自分がだめな人間、もしくはだめな人間かもしれないと答えた高校生が7割もいるとのことですね。それもOECD諸国で高い水準で。大人として、とても耳が痛い話です。

大河原　これからの社会で幸せに生きていくには、オールジャパンを考えていくべきだと思います。福澤諭吉先生の、「賢人と愚人の別は、学ぶと学ばざるとによって出来るものなり」という言葉がありますが、学びは学力や年収や生活のすべてに影響しますし、学ぶか学ばないかでさまざまな幸福感も異なると思います。

秋山　そうですね。日本は資源も少ないですし、島国ですからね。これからの時代を生きるにあたり、それを親が認識しているのとしていないのでは、大きな差が出てしまいそうですね。私たちも学び続けなくてはいけません。

大河原　シンギュラリティに到達するのが2045年ごろといわれています。まだまだ、時間はあります。だれでも学ぶことで、社会に役立ち、生産性を向上し、給料を確保し、税金も払って、新しい世代の教育もしていけます。大いに次の世代の子どもたちに循環していけると思います。

秋山　実際に教育として自分にフィードバックするとなると、何が大切になってくるのでしょうか？

大河原　やはり、新たな教育法として世界中で進められているSTEAM教育、EdTechを用いたアクティブラーニングなどが大切になってくると思いますね。STEAM教育で多様なジャンルを横断する発想力を養い、コンピューターを用いた学習の利点を活かしたＥｄＴｅｃｈで段階に即した学びを得て、アクティブラーニングを用いて人と人が相互交換しながら共に高め合っていく。あとは、非認知スキルの向上により力強い心を幼少期に養うことだと思います。

秋山　それらは全てまさしく私たちが本書で提唱した「エクサバイト学習法」ですね。ということは、お子さんをおもちの方々や、先生方にも是非知っていただきたいですね。

大河原　エクサバイト学習法は、ＡＩ時代においても「ＡＩに勝ち・ＡＩと共生」していくために最も近道の学習法だと思っています。ただ学ぶことにおいて、これらを根底から支えているのは「志《こころざし》」だと思います。目的に向かって突き進み会得していく力、苦労や挫折があっても立ち向かう挑戦力、達成した時の幸福感など、全ての根底にあるものはこの「志」だと考えています。「志」をもって、「エクサバイト学習法」を活用することにより、未来を切り開いていってもらえればと思います。

秋山　「志」こそが、己を未来に導くための大切な源であり、そこに「エクサバイト学習法」というツールが活きてくるということですね。

大河原　私にはここまでくるまでに数々の苦難がありました。目の前の現実を変えるために格闘する毎日でした。どなたでもそのような経験はお持ちかと思います。そして、少しでも良いサービスを世に送り出し、世の中のためになりたいという使命感をもって取り組んできました。これからの時代は、今までにも増してスピード感のある変革が予想されます。そのような社会においても「生きる力」の源にあるのはなによりも「志」です。「エクサバイト学習法」を使ってだれもがチャンスや可能性を得て、自己実現の達成や、幸福感を実感していただければと切に願っています。

参考文献

文部科学省

資料　教育投資に関わる指針や施策

資料　教育振興基本計画（平成30年6月15日閣議決定）（抄）

資料　平成29年度全国学力・学習状況調査に関する調査研究
　　　－保護者に対する調査の結果と学力等との関係－

資料　Society 5.0に向けた人材育成　～社会が変わる、学びが変わる～

国立教育政策研究所

資料　我が国の学校教育制度の歴史について

経済産業省

資料　「未来の教室」プラットフォーム

資料　「未来の教室」と「生産性革命」－第4次産業革命の教育と産業構造

書籍

「シンギュラリティは近い 人類が生命を超越するとき」　レイ・カーツワイル　監訳 井上 健　NHK出版

「ポスト・ヒューマン誕生」　レイ・カーツワイル　監訳 井上 健　NHK出版

「ホモ・デウス テクノロジーとサピエンスの未来」　ユヴァル・ノア・ハラリ　柴田裕之訳　河出書房新社

「AI時代の子育て戦略」　成毛 眞　SBクリエイティブ

「ポケット版『のび太』という生きかた」　横山泰行　アスコム

「僕たちは14歳までに何を学んだか」　藤原和博　SB新書

「幼児教育の経済学」　ジェームス・J・ヘックマン　東洋経済新報社

「2050年の技術 英『エコノミスト』誌は予測する」　英「エコノミスト」編集部著　土方奈美訳　文藝春秋

「世界に通用する子供の育て方」　松村亜里　WAVE出版

「実践ポジティブ心理学」　前野隆司　PHP研究所

「脳神経外科学」　太田富雄・川原信隆・西川 亮・野崎和彦・吉峰俊樹　金芳堂

「小児脳神経外科学」　監修 横田 晃　金芳堂

「神経局在診断改訂第5版」　Mathias Bahr/Michael Frotscher　訳者 花北順哉　文光堂

「分担 解剖学 2　脈管学・神経系」　原著 平沢 興・改訂 岡本道雄　金原出版

「臨床のための脳局所解剖学」　宣保浩彦・外間政信・大沢道彦・小林茂昭　中外医学社

「脳MRI1. 正常解剖」　高橋昭喜 編著　秀潤社

大河原 智（おおかわら・さとる）

グランド・システム・ホールディングス株式会社 CEO

東京都出身。幼少期は、地域探索とブロック玩具が大好きな子供として育つ。中学生で、検察官となった後に弁護士として独立する目標を志す。慶応義塾大学に在学中、アルバイト先のPOSレジスタの仕組みに感銘を受け、これからの時代をにらみ情報通信で起業をしたいと方針転換。大手電機メーカーに就職の後、24歳でシステム会社を起業。グループ会社を率いるCEOとして現在にいたる。

秋山 真美（あきやま・まみ）

戸田中央総合病院 脳神経外科 医師

東京都出身。兵庫県の自然に囲まれてのびのびと育つ。都内の進学校に入学。親友から教えられた医師という仕事のすばらしさに感銘を受け、医学部を志す。学生の頃より脳の美しさに惹かれ脳神経外科医を目指す。大学医局に所属、多くの病院にて経験をつみ、脳神経外科専門医をはじめ4つの学会認定専門医を取得。結婚し一児の母となる。

所属学会

日本脳神経外科学会　専門医・指導医

日本脳神経血管内治療学会　専門医

日本脳卒中学会　専門医

日本神経内視鏡学会　技術認定医

日本脳神経外科コングレス

日本脳卒中の外科学会

日本脊髄外科学会

産業医（労働安全衛生規則第14条第2項の2）

AI時代の育脳

エクサバイト学習法で子どもに輝く未来を！

2019年7月26日　第1刷発行

著者　大河原 智　秋山 真美

発行　大河原 智
グランド・システム・コンサルタンツ株式会社
〒104-0032　東京都中央区八丁堀ライムライトビル5F
Tel: 03-5542-3558（代）　Fax: 03-5542-3577
発売　松嶋 薫
株式会社メディア・ケアプラス
〒140-0011　東京都品川区東大井3-1-3-306
Tel: 03-6404-6087　Fax: 03-6404-6097

印刷・製本　株式会社美巧社
装丁・デザイン　石神 正人（DAY）
イラスト　小林 絵美（MATERIAL LABORATORY）
撮影　柳詰 有香
編集　横田 可奈

本書の無断複写は著作権法上での例外を除き禁じられています。
購入者以外の第三者による本書のいかなる電子複製も一切認められておりません。
© Satoru Ohkawara　Mami Akiyama 2019. Printed in Japan

落丁・乱丁はお取り替え致します。

ISBN 978-4-908392-08-4